Der Autor Prof. Klaus Birker beschäftigt sich mit Aspekten der Kommunikation, Personal- und Organisationsentwicklung sowie der Betriebspsychologie. Nach Ausbildungen in Themenzentrierter Interaktion (TZI), Transaktionsanalyse (TA), Gestalttherapie und NLP und nach über 20 Jahren leitender Tätigkeit in der Wirtschaft lehrt er heute als Professor für Betriebswirtschaft an der Fachhochschule Rheinland-Pfalz. Seit 1987 ist er zusammen mit seiner Frau im «ABV-Institut für angewandte Betriebsorganisation und Verhaltenspsychologie» als Berater, Trainer und Coach tätig.

Die Koautorin Prof. Dr. Barbara Schott bildete sich schon während ihres Studiums in den USA in verschiedenen Richtungen der Humanwissenschaften wie TA, TZI und NLP. Derzeit entwickelt die Professorin der Fachhochschule Nürnberg gemeinsam mit ihren Studenten neue NLP-Konzepte, die dem einzelnen sowohl privat als auch beruflich größeren Erfolg bei der Umsetzung seiner Ziele und mehr Freude am Leben ermöglichen. In ihrem eigenen Institut «NLP-Praxis» berät sie sowohl Manager als auch Privatpersonen.

Von den Autoren im Rowohlt Taschenbuch Verlag bereits erschienene Titel: «Cool bleiben» (9603), «Gut drauf sein, wenn's schiefgeht» (9604), «Andere Wege wagen» (9605), «Freunde finden» (9668), «Prüfungsstreß ade» (9669), «Kompetent verhandeln» (9773), «Schüchternheit überwinden» (9774), «Selbstbewußt auftreten» (9905), «Souverän mit Kunden umgehen» (9796), «Mut zur Entscheidung» (9957) und «Den Job will ich haben!» (9986).

Im Rahmen des NLP-Psycho-Power-Programms erschienen außerdem «Das Rauchen aufgeben» (9956), «Frei von Eifersucht» (9985) und «Entdecken Sie Ihre Kreativität» (60217) von Cora Besser-Siegmund sowie «Was ist NLP? Grundlagen und Arbeitsbegriffe des Neuro-Linguistischen Programmierens« (60199) von Gabriele und Klaus Birker.

Klaus Birker / Barbara Schott

Energie tanken

NLP – Das Psycho-Power-Programm

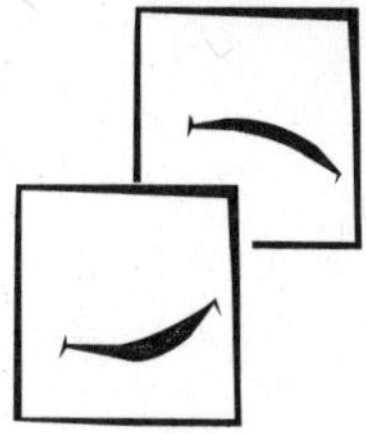

rororo

Rowohlt

Originalausgabe
Veröffentlicht im Rowohlt Taschenbuch Verlag
GmbH, Reinbek bei Hamburg, Mai 1997

Redaktion Rosemarie Schwarz
Grafik Walter Werner
Umschlaggestaltung Susanne Heeder
(Foto: Tony Stone Images/Frank Heroldt)
Satz Sabon PostScript Linotype Library,
QuarkXPress 3.32
Gesamtherstellung Clausen & Bosse, Leck
Printed in Germany
1290-ISBN 3 499 60218 0

Inhalt

Was ist NLP?

Den Schatz unserer unbewußten Fähigkeiten zu heben, das hatten sich der Informatiker und Psychologe Richard Bandler und der Sprachforscher John Grinder vorgenommen. Die beiden US-Forscher begannen Mitte der siebziger Jahre, unbewußte Verhaltensweisen und Stimmungen zu untersuchen, um herauszufinden, wie sie besser gesteuert werden können. Wie lassen sich Verhaltensweisen von Spitzenkönnern auf andere übertragen? – Diese Frage faszinierte sie, und sie beobachteten jahrelang minuziös eine Reihe von weltbekannten Therapeuten wie Milton Erickson, Fritz Perls und Virginia Satir. Dabei gingen sie von der Annahme aus, daß es wohl am schwierigsten ist, anderen Menschen therapeutische Heilung zu vermitteln. Wem es gelingt, Patienten vom Vorteil eines gesunden Lebens zu überzeugen, so ihre Schlußfolgerung, der muß ein wirkliches Kommunikationsgenie sein! Es gelang ihnen, durch Beobachtung zu ganz neuen Erkenntnissen über körpersprachliche und verbale Signale unseres Unbewußten zu kommen, die es möglich machten, diese bisher unbewußte Steuerung unseres Verhaltens bewußt wahrzunehmen und zu beeinflussen. Mit Erfahrungen aus der Welt der Informatik, der Sprachforschung und der Computerwissenschaft versuchten die NLP-Erfinder Funktionsweisen des menschlichen Gehirns besser zu verstehen. Die Kernthese des NLP lautet: Alle unsere Erfahrungen werden im Gehirn durch neuronale (neuro) Verknüpfungen gespeichert, die sprachlich (linguistisch) mitgeteilt werden können. Diese Speicherungen (Programmierungen) können verändert werden. Durch das Neuro-Linguistische Programmieren, kurz NLP, können wir unser Verhalten ergründen und positiv beeinflussen. NLP ist die Anleitung zur Ausschöpfung unserer unbewußten Fähigkeiten.

So funktioniert das Psycho-Power-Programm

Energie ist unsere Lebenskraft

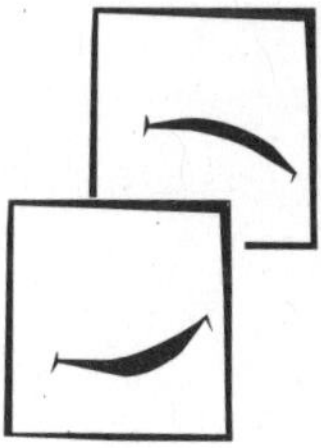

Energie ist der Treibstoff, der die Intensität unseres Verhaltens und den Erfolg unserer Bemühungen bestimmt. Mit Energie sind wir in der Lage, Ziele zu erreichen und Schwierigkeiten zu meistern. Mangelt es uns an Energie, so fällt uns das sehr viel schwerer. Verlieren wir dann noch den Mut, so gelingt uns immer weniger. Was nützt es, wenn Sie einen noch so schönen Reiseplan haben und vielleicht sogar ein leistungsfähiges Auto, aber keinen Kraftstoff, keine Energie. Um bei diesem Bild zu bleiben: Wir werden uns ansehen, welchen Treibstoff Sie benötigen, ob Diesel, Benzin, Normalbenzin, Superkraftstoff oder bleifreien? Und wo finden Sie die richtige Tankstelle? Wann müssen Sie nachtanken? Gibt es ein Leck, durch das Sie Sprit verlieren? Was können Sie dagegen tun? Kennen Sie Ihren Reservekanister, und können Sie ihn handhaben? Wie sparen Sie Kraftstoff? Ist der Motor richtig eingestellt?

Energie tanken

Wissen Sie, an welcher Tankstelle Sie den Treibstoff bekommen, den Sie für ein energievolles und erfülltes Leben brauchen?

Manche Menschen sind in der Lage, auch in schwierigen Situationen Energien zu entwickeln, zusätzliche Kräfte und Ressourcen zu mobilisieren. Ob wir in der richtigen Weise und zur rechten Zeit über notwendige Lebensenergie verfügen, entscheidet über Verzagtheit oder Wohlbefinden, Scheitern oder Erfolg – also darüber, wie positiv und glücklich wir unser Leben gestalten können.

Dieses Buch will Anregungen dafür geben, wie Sie Ihre Energien freisetzen können, wie Sie Zugang zu Ihren Kräften, Ressourcen und Fähigkeiten finden. Darüber hinaus geht es darum, wie Sie sich einen ausreichenden Vorrat an Lebenskraft zulegen, wie Sie Energie tanken und dafür sorgen können, daß sie nicht versickert oder unnütz vergeudet wird.

Energieverluste durch Streß

Immer wieder begegnen uns Menschen mit einem scheinbar unerschöpflichen Reservoir an Energien. Dirigenten oder andere Künstler sind bis ins hohe Alter aktiv und vollbringen stundenlang Höchstleistungen, geistig und körperlich. Dinge, die wir gern tun, für die wir uns begeistern und in denen wir einen Sinn sehen, belasten unseren Energiehaushalt offensichtlich wenig. Die Erledigung fällt uns leicht, kostet wenig Kraft, und die dadurch gewonnene Lebensfreude gibt uns zusätzlich Antrieb. Dinge, die wir ungern tun, erfordern Überwindung und rauben Energien. Oft spüren wir schon bei dem Gedanken an eine ungeliebte Tätigkeit, wie uns die Lust verläßt, die Lebensfreude sinkt und Energie schwindet.

Am meisten Energie geht verloren, wenn wir Streß ausgesetzt sind. Streß ist zwar auch der Antrieb, der uns zu besseren Leistungen aktiviert, aber durch die Überlastung unseres Energiehaushalts werden auch viele Kräfte verzehrt. Es kommt daher darauf an, ihn zu dosieren und nicht überhand nehmen zu lassen.

In seiner positiven Form erzeugt Streß die Motivation, die wiederum Energie freisetzt, die nötig ist, um Erfolge zu erzielen. Dazu gehört beispielsweise die Nervosität des Sportlers vor dem Start oder das Lampenfieber des Schauspielers oder Redners vor dem Auftritt. Das ist die Angst zu versagen oder nicht das volle Leistungsvermögen zu erreichen. Zugleich wird jedoch unsere Energie für die anstehende Herausforderung mobilisiert und konzentriert. Ein Leben ganz ohne Streß wäre langweilig, kaum vorstellbar und nicht sehr erfüllt.

Die den Streß auslösenden Faktoren, die sogenannten «Stressoren», setzen einen physiologischen Prozeß in Gang. Dazu gehören sowohl emotionale Reaktionen, als auch die Aktivierung des Nervensystems und bestimmter Drüsen, die Hormone ausschütten, durch die der Körper in (Alarm-)Bereitschaft versetzt wird, so daß er Energien freigibt.

Problematisch wird es, wenn der Druck zu groß wird, um ihm standzuhalten. Dann erreicht die vorsorgliche Reaktion das Gegenteil von dem, was sie bezwecken wollte. Es kann zu einer Art Dammbruch kommen, und dann werden zwar Energien nachgeschoben, können aber nicht genutzt werden und versickern. Im üblichen Sprachgebrauch wird Streß zumeist in diesem Sinne einer dauerhaften Überforderung verstanden. Wo da die Grenzen liegen, ist von Person zu Person verschieden. Wir sind individuell unterschiedlich belastbar. Und auch bei ein und demselben Menschen kann es je nach innerer Einstellung und äußeren Umständen sehr unterschiedlich sein, ob der Streß als belebend und motivierend oder als Belastung erlebt wird. Für den richtigen Umgang mit Streß ist es daher wichtig, die eigene Belastbarkeit zu kennen, um sich rechtzeitig wieder zurückbewegen zu können, wenn eine Grenze überschritten wird.

Oft führt erst die Addition mehrerer Ereignisse zu ernstlichem Streß. Deshalb reicht es nicht aus, jede Situation als einzelne zu betrachten. Ein Autofahrer, der mit Sommerreifen und hoher Geschwindigkeit auf glatter Fahrbahn fährt, kommt leicht ins Schleudern – auch wenn er jede Herausforderung für sich oder auch zwei davon gemeistert hätte. Deshalb ist es sinnvoll, wenn Sie überprüfen, ob mehrere Anforderungen Sie gleichzeitig belasten.

Wie hoch ist Ihr Streßniveau?

Wenn wir gesund und im Vollbesitz unserer Kräfte sind, können wir den einzelnen Ereignissen besser begegnen. Wenn wir jedoch bereits überanstrengt, gestreßt oder krank sind, so können wir den jeweiligen Streßfaktoren weniger Energie entgegensetzen. Die Folge kann ein Teufelskreis sein, der dazu führt, daß wir immer mehr Stressoren ausgesetzt sind, denen wir immer weniger Energie entgegensetzen können.

Addieren Sie Ihre individuellen Streßfaktoren

Die folgende Aufstellung von Stressoren (Streßfaktoren) lehnt sich an eine Skala an, die von Dr. Thomas H. Holmes und Dr. Richard H. Rahe von der Medizinischen Fakultät der Universität Washington ermittelt wurde und einer Vielzahl heutiger Streßuntersuchungen zugrunde liegt. Generell geht man davon aus, daß eine Grenze erreicht ist, wenn die Punktzahl der jeweiligen Ereignisse auf dieser Skala sich innerhalb eines Jahres auf eine Summe von über 150 Punkten addiert.

Stressoren und ihre Gewichtung in Punkten	
▪ Tod des Ehepartners	100
▪ Scheidung	73
▪ Trennung vom Ehepartner	65
▪ Inhaftierung oder Unterbringung in einer Anstalt	63
▪ Tod eines nahen Verwandten	63
▪ Schwere Verletzung oder Krankheit	53
▪ Heirat	50
▪ Verlust des Arbeitsplatzes	47
▪ Versöhnung mit dem Ehepartner	45
▪ Pensionierung	45
▪ Schwerwiegende Veränderung in der Gesundheit oder im Verhalten eines Familienmitglieds	44
▪ Schwangerschaft	40
▪ Sexuelle Schwierigkeiten	39
▪ Hinzukommen eines neuen Familienmitglieds (durch Geburt, Adoption, Einzug eines älteren Verwandten etc.)	39
▪ Schwerwiegende Veränderung im geschäftlichen Bereich (Zusammenschluß, Umorganisation, Konkurs usw.)	38
▪ Schwerwiegende Veränderung der finanziellen Situation	37
▪ Tod eines guten Freundes	36
▪ Berufliche Veränderung	36
▪ Schwerwiegende Veränderung in der Häufigkeit der Auseinandersetzungen mit dem Ehepartner	35
▪ Aufnahme einer Hypothek, Hauskauf etc.	31

- Zwangsvollstreckung bei einer Hypothek oder einem Darlehn 30
- Schwerwiegende Veränderung der beruflichen Aufgaben (Beförderung, Zurückstufung, Versetzung) 29
- Sohn oder Tochter geht aus dem Haus (Heirat, Studium etc.) 29
- Schwierigkeiten mit Verwandten 29
- Außergewöhnliche persönliche Leistungen 28
- Ehepartner beginnt oder hört auf, außer Haus zu arbeiten 26
- Beginn oder Abschluß der Schulbildung 26
- Entscheidende Veränderung der Lebensbedingungen (Bau eines neuen Hauses, Umbau, Verschlechterung der Wohnbedingungen etc.) 25
- Drastische Veränderung persönlicher Gewohnheiten (Kleidung, Umgangsformen, Bekanntenkreis etc.) 24
- Ärger mit dem Chef 23
- Schwerwiegende Veränderung der Arbeitszeit oder Arbeitsbedingungen 20
- Umzug 20
- Schulwechsel 20
- Entscheidende Veränderung in Umfang und Art der Freizeitgestaltung 19
- Entscheidende Veränderung bei kirchlichen Aktivitäten 19
- Entscheidende Veränderung der gesellschaftlichen Aktivitäten (Einladungen, Tanzen, Konzert- u. Theaterbesuche, gemeinschaftliches Musizieren etc.) 18

- Aufnahme eines Kredits (für ein Auto, Fernsehgerät etc.) 17
- Entscheidende Veränderung der Schlafgewohnheiten 16
- Entscheidende Veränderung in der Zahl der Familienzusammenkünfte 15
- Schwerwiegende Veränderung der Eßgewohnheiten (sehr viel größere oder kleinere Mengen) oder sehr unterschiedliche Essenszeiten 15
- Urlaub 13
- Weihnachten 12
- Kleinere Gesetzesverstöße (Verkehrsdelikte) 11

Überlegen Sie anhand der vorstehenden Liste, welche Situationen Sie besonders belasten und wie Sie diese Belastungen reduzieren können. Manchmal entsteht auch durch unsere innere Einstellung zusätzlicher Streß. Wir überfordern uns oder laufen Zielen nach, die uns andere vorgeben und die wir selbst vielleicht gar nicht erreichen wollen. Auch Schuldgefühle können Streß auslösen, d. h. wenn wir etwas tun, was wir selbst nicht als richtig ansehen, belastet uns unser Verhalten. Ähnliches geschieht, wenn wir nach außen ein anderes Bild von uns vermitteln wollen, als wir es selbst von uns haben, und deshalb die Angst vor Entdeckung entwickeln.

In den Zeiten der Urmenschen war es notwendig, in bedrohlichen Situationen, also bei Streß, alle körperlichen Kräfte zu mobilisieren, damit der Bedrohte entweder angreifen oder fliehen konnte. Streßsituationen waren häufig nur durch den Einsatz körperlicher

Kräfte zu überwinden. Das ist heute zumeist nicht mehr nötig. Unser Körper reagiert jedoch noch wie zu Urzeiten und stellt uns die Energien praktisch an den falschen Stellen zur Verfügung, nämlich in den Muskeln, statt in unserem Gehirn. Und schlimmer noch: Um die notwendige Energie in den Muskeln bereitzustellen, wird unser Denken blockiert. Körperliche Bewegung kann dies auflösen und das Denken wieder in Bewegung bringen sowie neu orientieren. Sie kennen das und tun das oft automatisch: Wenn man nicht mehr weiter weiß, hilft es, an die frische Luft zu gehen und einen Spaziergang zu machen.

Die individuelle Belastbarkeit ist – wie bereits gesagt – sehr unterschiedlich. Daher ist es sinnvoll, warnende Vorzeichen rechtzeitig wahrzunehmen und zu beachten. Solche Warnungen können physischer Natur sein, z. B. Müdigkeit, Kopfschmerzen, ein Magengeschwür, Bluthochdruck, Rückenschmerzen, Krämpfe, Verstopfung oder Schlaflosigkeit. Weitere Hinweise auf eine Überlastung sind der Widerstand gegen Denken und neue Informationen. Auch wenn die Zeit lang und träge wird, Konzentrationsschwächen auftreten, unsere Neigung steigt, Dinge zu verschieben, unsere Arbeitsmoral sinkt oder wir häufig irritiert, vergeßlich oder geistig abwesend sind, sollten wir dies als Zeichen auffassen, daß wir in irgendeiner Weise überlastet sind.

Achten Sie auf warnende Vorzeichen

Es gibt auch soziale Alarmzeichen: der Rückzug auf sich selbst sowie der Widerstand gegen Kontakte. Wir können z. B. eine Einladung von Freunden, die wir früher gern angenommen hätten, plötzlich als Bela-

Der Neandertal-Effekt

Wir reagieren auf Streß seit Urzeiten mit dem Drang, uns zu bewegen

stung empfinden. Geistiges Ausgebranntsein zeigt sich u. a. daran, daß die eigene Tätigkeit zunehmend als leer und bedeutungslos empfunden wird. Emotionale Anzeichen sind schnell auftretende Panik, das Übernehmen von Opferrollen, Nervenzusammenbrüche, ein geschwächtes Immunsystem oder die Flucht in Krankheit, Verweigerung, Gefühle der Sinnlosigkeit, Tränenausbrüche und Wutanfälle.
Es hilft wenig, das vermehrte Auftreten von Streßhinweisen nicht wahrzunehmen oder zu verdrängen. Auch die Flucht in Alkohol, Süßigkeiten oder andere Ablenkungen nützt wenig. Besser ist es, die Ursachen des Stresses zu analysieren und zu bekämpfen.
Natürlich können wir unseren Energiehaushalt auch noch auf andere Weise unterstützen und verbessern, z. B. mit Hilfe unseres Atems, unserer Körperhaltung, unserer Ernährung oder durch den gezielten Einsatz mentaler Energie. Darauf kommen wir in den folgenden Kapiteln zurück, doch zunächst zur mentalen Entstehung von Streß.

Werte und Ziele überprüfen

Für Dinge, die uns viel bedeuten, die uns wertvoll sind, engagieren wir uns. Wenn wir dann unser Ziel erreichen, gewinnen wir Lebensfreude und Lebensenergie. Erscheint uns etwas als unwichtig, lästig oder gar wertlos, fehlt uns die Motivation. Müssen wir es dennoch erledigen, so kostet uns dies Überwindung und viel Energie.

Was von uns als wesentlich angesehen ist, wird in NLP als Wert bezeichnet. Die verschiedenen, für eine Person bedeutsamen Werte und deren Verhältnis zueinander bilden das Wertsystem. Innerhalb dieses Wertsystems gibt es eine Rangfolge: ein Wert wird höher, ein anderer geringer eingestuft. Das Wertsystem und die damit verbundene Werteskala sind individuell und subjektiv, d. h. sie können sich von Person zu Person erheblich unterscheiden. Und sie sind im hohen Maße verantwortlich für unser Verhalten, dafür, was und wie wir etwas tun. Häufig sind wir uns unseres Wertesystems nicht bewußt. Es steuert uns unbewußt, aber nicht weniger wirkungsvoll.

Ein Beispiel: Die Besprechung am Vormittag hatte sich sehr viel länger hingezogen als geplant, und Klaus hatte noch eine Verabredung am frühen Nachmittag. Es wurde zeitlich recht knapp, zumal er noch eine gewisse Fahrstrecke vor sich hatte. Klaus machte sich sofort auf den Weg, fuhr schneller als üblich, um noch pünktlich anzukommen. Bernd fährt in einer ähnlichen Situation zunächst auf den Parkplatz, macht sich Notizen zur letzten Besprechung, nimmt die Akte für den nächsten Termin heraus und bereitet sich kurz darauf vor. Dann fährt er entspannt los, obwohl er sich wahrscheinlich verspäten wird. Charly geht in einer derartigen Situation zunächst einmal wie gewohnt zum Mittagessen, bevor er zum nächsten Termin fährt. Dieter ruft an, um zu fragen, ob der Termin eventuell um eine Stunde oder wenigstens eine halbe Stunde verschoben werden kann. Alle vier handeln nach einem anderen Wertsystem. Für Klaus steht Pünktlichkeit an erster Stelle, für Bernd die Sorgfalt in der Vorbereitung und Nacharbeitung der Besprechungen. Charly ist vielleicht seine Gesundheit am wichtigsten, eventuell aber auch sein Streben nach Unabhängigkeit oder eigenem Wohlbefinden. Bei Dieter stehen Erfolg und Kooperation an erster Stelle. Sie führen dazu, daß er sich mit seinem Partner abstimmt.

Das Beispiel sagt nichts darüber aus, welches Verhalten sinnvoller oder erfolgreicher ist. Möglicherweise kommt Klaus als einziger rechtzeitig zu seiner Verabredung, so daß er einen erfolgreichen Abschluß tätigen kann, bevor sein Gesprächspartner nach relativ kurzer Zeit fort muß, um pünktlich am Flughafen zu sein. Es kann jedoch auch sein, daß Klaus so abgehetzt und unvorbereitet ist, daß er sich nicht konstruktiv auf das Gespräch einstellen kann. Er hat dann viel Energie eingesetzt, ohne daß sein Einsatz zu einem Erfolg geführt hätte. Vielleicht kommt er auch gerade noch pünktlich und muß dann aber einige Zeit im Vorzimmer warten. Auch seine mögliche Enttäuschung darüber, daß er selbst sich so um Pünktlichkeit bemüht hat, von anderen aber warten gelassen wird, kann zu Streß führen.

Versuchen Sie, die Werte zu erkennen, die Sie für erstrebenswert halten. Denken Sie dazu an eine Situation, in der Sie leicht in Streß geraten. Versuchen Sie herauszufinden, warum Sie so handeln, wie Sie es normalerweise tun. Welcher Wert hat in einer derartigen Situation Priorität, welcher ist zweit- oder drittrangig?

Wenn wir uns über unsere Werte, die unser Verhalten so entscheidend prägen, mehr Klarheit verschaffen, können wir unser Verhalten besser mit unserem Umfeld abstimmen. Dabei müssen wir auch unsere eigene momentane Belastbarkeit berücksichtigen. Was können wir uns und anderen zumuten? Wenn unser Handeln ein Zusammenwirken mit anderen erfordert, dann entscheidet auch ihr Wertsystem mit darüber, ob wir Anerkennung erhalten oder enttäuscht werden. Dies gilt für jede Form von Partnerschaft, in der Familie, im Beruf und bei Freundschaften. Möchten wir z. B. Anerkennung, Erfolg und einen sicheren, gutbezahlten Arbeitsplatz, so können wir dieses Ziel unter Umständen gefährden, wenn wir dem Thema «Pünktlichkeit» einen wesentlich geringeren Wert zumessen als unser Chef.

Wir müssen uns also nicht nur Klarheit über unser eigenes Wertsystem verschaffen, sondern es auch auf unser Umfeld und die jeweilige Situation abstimmen. Je größer der Einklang, desto höher ist unsere

Chance, durch unsere Werte motiviert zu werden und entsprechende Energien zu entwickeln, die wiederum zu Erfolg, Anerkennung und Bestätigung führen und uns mit Freude und neuer Lebensenergie erfüllen.

Bringen Sie Ihre Werteskala in harmonischen Gleichklang mit Ihrer Umgebung

Der bewußte Umgang mit unserer Lebenskraft und Energie schließt das Bemühen ein, nach Möglichkeit diesen Gleichklang mit unserer Umwelt herzustellen. Hierzu stehen uns zwei Wege offen.

Die erste Möglichkeit: Nachdem wir uns Klarheit über unser Wertsystem und über die Rangskala der einzelnen Werte verschafft haben, bemühen wir uns, unser Umfeld, unsere Aufgaben und Lebenssituationen so auszuwählen bzw. zu verändern, daß ein möglichst harmonischer Gleichklang entsteht.

Oder wir verändern unser Wertsystem, so daß es sich besser den Gegebenheiten anpaßt. Das kann wiederum in zweierlei Form geschehen:

- Wir tauschen die Rangfolge einiger Werte aus, d. h. wir versuchen die Werte, die von unserer Umwelt geschätzt werden, höher einzustufen, und die, die uns in Konflikte bringen, weiter unten einzuordnen;
- oder wir variieren oder konkretisieren den Inhalt eines Wertes, d. h. das, was für uns erfüllt sein muß, damit wir den Wert als erreicht ansehen.

Stefanie hat erkannt, daß für sie Werte wie Verläßlichkeit, Zärtlichkeit und Familie einen sehr hohen Stellenwert haben. Um Bekanntschaften zu machen, hat sie sich bisher meistens ihrer Freundin angeschlossen, die in Kreisen verkehrt, in denen Unabhängigkeit (bis zur Unverbindlichkeit), Vergnügen, Attraktivität und Anerkennung dominieren. Da sich keine dieser Bekanntschaften zu einer wirklichen Freundschaft entwickelt hatte, begann sie, an sich selbst zu zweifeln. Doch mittlerweile ist Stefanie klar, daß sie sich mit ihren Wertvorstellungen anderweitig orientieren muß.

Ähnliche Konstellationen können sich im Beruf ergeben: wenn wir z. B. der Kommunikation mit anderen einen hohen Wert beimessen, aber einer Tätigkeit nachgehen, bei der wir fast ausschließlich für uns allein arbeiten – oder auch umgekehrt. Auch wenn wir immer dieselben Arbeiten zu verrichten haben, auf unserer Werteskala aber Kreativität, die Entwicklung von etwas Neuem, Individualismus etc. weit oben stehen, gibt es Unstimmigkeiten.

Wenn wir wenig Möglichkeiten sehen, die Situation zu verändern, so sollten wir überprüfen, ob wir unser Wertsystem variieren können. Viele unserer Einschätzungen haben sich in frühen Lebensjahren entwickelt und sind von unserem damaligen Umfeld geprägt worden. In einer veränderten Lebenssituation können diese frühen Prägungen nur erschwerend wirken.

Manchmal ist es ein dramatisches Geschehen, z. B. ein psychischer oder physischer Zusammenbruch oder ein Unfall, der Zweifel an dem Sinn des bisherigen Wertsystems entstehen läßt. Wenn wir keine Möglichkeit haben, damit konstruktiv umzugehen, kann aus Zweifel Verzweiflung werden; die Ausweglosigkeit und das Hinterfragen der bisherigen Werte kann sich sogar bis zum Gefühl der eigenen Wertlosigkeit steigern.

All dies kann zu einem Abfluß unserer Energien und zur Schwächung des Immunsystems führen. Die Neubesinnung kann jedoch auch als Chance genutzt werden, das Verhältnis zwischen den eigenen Werten und den äußeren Gegebenheiten harmonischer zu gestalten. Oft sagen dann die Betreffenden: «Die Dinge haben für mich einen neuen Stellenwert bekommen.»

Wir können unser Wertsystem selbst beeinflussen

Das NLP bietet Wege an, die Bedeutung eines Wertes zu erleben, ihn in Relation zu anderen Werten zu sehen, seine Auswirkungen auf Energieverbrauch und Energiegewinnung zu erkennen und gegebenenfalls das eigene System bewußt neu zu orientieren. Es ist sinnvoll, damit nicht erst dann zu beginnen, wenn dramatische Ereignisse zum Umdenken zwingen, sondern spätestens dann, wenn erste Anzeichen einer unausgeglichenen Energiebilanz erkennbar werden. Auf die einzelnen Schritte werden wir im Übungsteil weiter eingehen.

Wenn wir die Rangfolge unserer Werte bewußt verändern wollen, müssen wir die Dimensionen der einzelnen Glaubenssätze erkennen und uns neu orientieren. Wenn wir einen Wert höherstufen wollen, reichern wir das Erleben des Begriffes mit den Modalitäten – über unsere Sinne wahrnehmbaren Eigenschaften – eines höherrangigen Wertes an. Die Zurückstufung geschieht entsprechend umgekehrt. Zum Abschluß überprüfen wir die Auswirkungen der Veränderungen auf das gesamte Wertsystem, d. h. wir berücksichtigen, daß eine Handlung, die in manchen Situationen

zu Problemen führt, unter Umständen für andere Werte einen Nutzen für uns birgt.
Für Ingrid hatten Ehre und Macht einen so hohen Stellenwert, daß sie damit ihren eigenen Ansprüchen kaum gerecht werden konnte und außerdem Probleme mit ihren Freunden und Kollegen auftraten, was sie viel Energie kostete. Deshalb erhöhte sie die Bedeutung der Werte Kooperation, Harmonie, Verantwortlichkeit und Anerkennung. Nach kurzer Zeit berichtete sie, daß sie sich wohler und energievoller fühle, weniger ausgelaugt sei und die Zusammenarbeit mit anderen sich so verbessert habe, daß sie auch hier zusätzliche Ressourcen erschließen konnte. Ihr Leben wurde tatsächlich harmonischer.
Oftmals verstehen verschiedene Menschen etwas Unterschiedliches unter dem gleichen Begriff. Was der eine als Ordnung bezeichnet, geht für den anderen weit darüber hinaus und wird von ihm als pedantisch empfunden. Der eine versteht unter «Sorgfalt» die übliche Überprüfung, der andere die Berücksichtigung aller Eventualitäten.

Um herauszufinden, was wir genau unter einem bestimmten Wert verstehen, müssen wir uns klarmachen, was erfüllt sein muß, damit wir diesen Wert als erreicht und bestätigt erleben. Je konkreter wir dies mit allen Sinnen (Sehen, Hören, Fühlen) wahrnehmen, um so deutlicher werden uns eventuelle Unterschiede, die sogenannten Modalitäten. Wenn wir z. B. extrem hohe Ansprüche haben, erfordert das nicht nur mehr Energie bei der Umsetzung, sondern darüber hinaus verringert sich die Chance für eine wirklich

als befriedigend erlebte Zielerreichung deutlich. Wir schwächen unsere Energiebilanz auf beiden Seiten.
Oft sind es nicht die Werte an sich, die zu Problemen führen, sondern ihre extreme Ausgestaltung. Schon die Mediziner im alten Griechenland sagten: «Ob etwas Gift ist oder Arznei, liegt nicht am Ding an sich, sondern an der Dosis.» Etwas Ähnliches gilt z. B. für übertriebenen Ehrgeiz oder krankhafte Sparsamkeit. Es geht dann nicht darum, auf Ehrgeiz oder Sparsamkeit generell zu verzichten, sondern den Grad der Ausprägung zu reduzieren. Wir setzen beispielsweise für uns neue Maßstäbe, wann die richtige Form der Sparsamkeit erreicht ist. Oft sind unsere Schwächen Überspitzungen unserer eigentlichen Stärken: Wenn wir z. B. Ordnung zu Pedanterie oder Sparsamkeit zu Geiz steigern, dann wird etwas, was wir gut können und was uns Erfolg eingebracht hat, zu sehr intensiviert. Durch Überdosis wird die Medizin zum Gift. Eine Neuorientierung spart dann nicht nur Energie, sondern läßt uns auch zufriedener mit uns und unserer Umwelt werden, was wiederum energiefördernd wirkt.
Bei der Fülle der vielen alltäglichen Entscheidungen ist es sinnvoll, wenn wir aus unserem Wertsystem einige wenige *Zielgedanken* ableiten. Mit ihnen geben wir unserer Lebensgestaltung eine Orientierung. Der Zielgedanke sagt nicht, was wir in den einzelnen Situationen jeweils tun oder lassen sollen, verhilft uns aber dennoch, auf diese Fragen Antworten zu finden. Er orientiert unsere Handlungen an der Frage: «Wer will ich sein bzw. wer will ich werden?» Auch ein

Bestimmen Sie Ihr Ziel

Wenn Sie Ihr Ziel kennen,
finden Sie auch den richtigen Kurs

Segler bestimmt den Kurs je nach Strömung und Windverhältnissen und setzt entsprechend seine Segel, aber er muß wissen, wohin er will. Er braucht ein Ziel.
Wenn Sie das Ziel haben, energievoll, fit und gesund zu sein, wird es Ihnen leichter fallen, am späten Abend ein leichtes Gericht statt ein üppiges und belastendes Mahl zu sich zu nehmen. Dieses Ziel wird Ihnen auch in anderen Situationen helfen, Ungesundes zu meiden. Wesentlich ist, daß die Verwirklichung Ihres Zielgedankens für Sie wichtiger wird, als das kleine Vergnügen an den Dingen, die Sie vernünftigerweise unterlassen wollen. Zumeist reicht es, wenn wir uns Klarheit über unseren Zielgedanken verschafft haben.
Haben wir einen langfristig wirkenden Zielgedanken, sollten wir uns zusätzliche *Zwischenziele* überlegen. Im Studium können diese Zwischenziele z. B. in der Ablegung einer Zwischenprüfung, einer bestandenen Semesterarbeit oder einem erfolgreichen Referat bestehen. Wenn Sie für einen Hausbau sparen, können Sie sich vorgeben, was Sie in jedem Quartal ansammeln wollen. Zwischenziele geben uns nicht nur eine Rückmeldung, ob wir noch auf dem richtigen Weg sind, sondern sie ermöglichen auch Erfolgserlebnisse, die wir in angemessener Form feiern können. Auf diese Weise erhalten wir die Freude und Begeisterung für unser Gesamtziel aufrecht und setzen die nötige Energie dafür frei.

Die Balance finden: Achten Sie auf einen ausgeglichenen Energiehaushalt

Unser Energiehaushalt ist in Ordnung, wenn wir auf Dauer nicht mehr Energie verbrauchen, als wir auftanken. Ergibt sich ein Energiedefizit, liegt es nahe, energieraubende Situationen zu reduzieren und/oder energiespendende zu intensivieren. Manchmal haben wir jedoch Aufgaben zu erfüllen, die wir nicht einfach zurückstellen können, selbst wenn sie einen hohen Energieeinsatz erfordern. In diesem Fall hilft es, wenn wir sie künftig mit weniger Krafteinsatz erledigen können. NLP bietet dazu Möglichkeiten.

Überprüfen Sie Ihre Engergiebilanz

Im ersten Schritt tragen Sie bitte in die Tabelle auf S. 33 Ihre wichtigsten wiederkehrenden Tätigkeiten und Aufgaben einer typischen Woche ein. Im zweiten Schritt bewerten Sie, wieviel Energie Sie für die einzelnen Tätigkeiten einsetzen und wieviel Lebensfreude und Energie Sie dadurch gewinnen. Kennzeichnen Sie energieraubende Vorgänge mit einem Minuszeichen, sehr energieträchtige mit zwei Minuszeichen. Lebenskraft spendende versehen Sie mit einem Pluszeichen. Die Tätigkeiten, die Sie als neutral empfinden, kennzeichnen Sie mit einer «0».

Im dritten Schritt tragen Sie nun bitte in einer zusätzlichen Spalte ein, wieviel Zeit Sie für die jeweiligen Vorgänge aufwenden. Vermerken Sie die ungefähre

Stundenzahl im Laufe einer typischen Woche. Natürlich können Sie sich auch auf einen einzelnen Tag beziehen. Zumeist ist die Woche jedoch ein ausgewogenerer Zeitrahmen als ein Tag, denn sie mischt Werktage und Wochenende. Anstelle von Stunden, also absoluten Zahlen, können Sie auch Prozentanteile eintragen. Dieses Verfahren ist jedoch etwas komplizierter. Es geht dabei auch nicht um eine exakte Aufstellung, sondern um den Überblick. Der Sinn dieser Übung ist es, sich bewußt zu machen, welche Tätigkeiten energieraubend und welche energiespendend sind und wieviel Zeit Sie dafür aufwenden.

Möglicherweise haben Sie das Ergebnis bereits erahnt. Zumeist verschafft diese einfache Aufstellung jedoch zusätzliche Klarheit. Wenn sich deutliche Energiedefizite zeigen, ist es sinnvoll, auf einen besseren Ausgleich der Energiebilanz hinzuwirken. Erst, wenn uns die Situation bewußt ist, können wir auch konstruktiv und gezielt Veränderungen einleiten.

Wählen Sie zunächst einen Vorgang aus, den Sie als sehr energieraubend eingestuft haben, und einen weiteren, der zwar einen hohen Leistungseinsatz erfordert, aber doch soviel Lebensfreude bringt, daß Sie ihn nicht als energiebelastend empfinden.

Im nächsten Schritt versuchen Sie nun bitte, sich den positiven Vorgang so intensiv wie möglich vorzustellen, erleben Sie ihn in Gedanken noch einmal so, als würde er jetzt in diesem Moment stattfinden. Stellen Sie sich die entsprechende Szene in Gedanken so vor, als würden Sie ein Video darüber betrachten. Was sehen Sie? Welche Stimmen oder Geräusche hören Sie?

Die Energiebilanz

Art der Tätigkeit	Energie	Zeit pro Woche

Tragen Sie ein, mit welchen Tätigkeiten Sie wieviel Zeit verbringen, und bewerten Sie diese nach ihrem Energiebedarf

Welche Gefühle und Empfindungen haben Sie? Je intensiver Sie den Vorgang erleben, um so nützlicher wird die Erfahrung.

Anschließend tun Sie das gleiche für das energieraubende Ereignis. Danach wechseln Sie einige Male zwischen den beiden Vorgängen und Erlebnissen mit dem Ziel, die Unterschiede zwischen dem, was Sie jeweils sehen, hören oder fühlen, möglichst deutlich wahrzunehmen und zu bestimmen. Üblicherweise differieren die Bilder hinsichtlich der Größe, Stellung, Entfernung, Helligkeit, Farbe etc. Vielleicht erscheint das energievollere Bild als Film, also in Bewegung, in Farbe, ist größer und heller und befindet sich im oberen Sichtfeld, während das andere schwarz-weiß oder dunkel ist, als Standbild erscheint, weniger scharf und kleiner ist und sich im unteren Sichtfeld befindet.

Was sind die entscheidendsten und augenfälligsten Unterschiede? Welche Unterschiede bestehen bei dem, was wir hören? Was sind die typischen Veränderungen bei dem, was und wie etwas gesagt wird? Welche Geräusche oder Musik sind zu hören? Was fühlen Sie? Gibt es auch geruchs- und geschmacksmäßige Abweichungen? Das Bewußtsein über die entscheidenden Abweichungen im Erleben der beiden Begebenheiten kann noch in weiteren Übungen sinnvoll genutzt werden. Darauf kommen wir im Übungsteil zurück.

Michael war jahrelang beratender Ingenieur im Außendienst und stolz darauf, daß er selbst bei schwierigen Problemstellungen spontan Lösungsansätze entwickeln konnte. Bei der oben beschriebenen

Übung erkannte er, daß er wesentlich weniger Energie benötigte, wenn er sich vorab gezielt einige Informationen vom betreuenden Verkäufer geben ließ, nun vorbereitet war und damit seinen Druck reduzierte, spontan Lösungsansätze finden zu müssen. Er hatte sich also früher unter einen Leistungsdruck gebracht, der nicht aus der Aufgabe selbst entstand, sondern von ihm selbst geschaffen wurde. Wenn wir die gleiche – oder vielleicht sogar eine bessere – Leistung mit geringerem Energieaufwand erbringen können, verbessern wir auch unsere Bilanz insgesamt.

Das Beispiel von Michael ist typisch für eine Vielzahl von Fällen, in denen die von uns gelebten Werte zu streßreicheren und kräftezehrenderen Verhaltensweisen führen. Michaels spontane Lösungen waren ein Einsatz, der zumeist gar nicht nötig war und auch nicht zu besseren Ergebnissen führte. Oftmals sind wir uns dieser Werte und vor allem auch dieser Wirkungsweise nicht bewußt. Zur Balance unseres Energiehaushalts gehört es auch, solche Einflüsse zu erkennen und konstruktiv zu verändern.

Dem, was uns wichtig und bedeutsam ist, wollen wir Raum geben und es durch unsere Handlungen in unserer Lebensgestaltung verwirklichen. Diese Absichten und Ziele können sich gegenseitig unterstützen. Wenn sie sich jedoch in verschiedene Richtungen bewegen, behindern sie sich gegenseitig. Ein Teil der Bemühungen hebt sich gegenseitig auf und der Energieeinsatz wird weniger effektiv. Trotz höherer Anstrengungen erreichen wir weniger Zufriedenheit und Lebensfreude. Die Energiebilanz ist gestört, da ein

Teil des Krafteinsatzes verlorengeht und uns keine Lebensfreude gibt. Beim harmonischen Zusammenwirken führt der Energieeinsatz jedoch zu einem positiven Ergebnis.

Es ist wie bei einer Mannschaft. Rudern alle in die gleiche Richtung, wird ein optimales Ergebnis erzielt. Steuert jeder einen anderen Kurs, so wird viel Kraft vertan, ohne daß ein wirklicher Nutzen erzielt wird. Ein Großteil der Energie zerstört sich gegenseitig. Je harmonischer, ausgeglichener wir das Miteinander unserer einzelnen Ziele gestalten, um so besser die Energiebilanz.

Das Modell der Persönlichkeitsteile

Ein Großteil unserer Absichten wirkt im Unbewußten. Das NLP benutzt zur Klärung dieser Absichten ein Modell, in dem jede dieser Absichten als ein Persönlichkeitsteil angesehen wird. Es kommt nun darauf an, daß diese verschiedenen Persönlichkeitsteile in einer Art Konferenz miteinander verhandeln und sich abstimmen. Wir sprechen hier auch von einem inneren Dialog. Durch eine gute und konstruktive Konferenzleitung gelingt es dann, eine Verständigung zwischen den einzelnen Zielen herbeizuführen. Dadurch können wir unsere Ressourcen und Energien dort einsetzen, wo sie am wirkungsvollsten für uns sind. Aus einem eventuellen Gegeneinander wird dann nicht nur ein Nebeneinander, sondern sogar ein Mit- und Füreinander.

Das Modell der verschiedenen Persönlichkeitsteile steht im Einklang mit neueren Erkenntnissen der Gehirnforschung. Sie bestätigt, daß unser Gehirn keine Einheit darstellt, sondern aus einzelnen Bereichen be-

Alle Kräfte bündeln

Es ist wie beim Rudern: Nur wenn alle Energien in die gleiche Richtung zielen, kann man ein optimales Ergebnis erreichen

steht, die trotz der notwendigen Zusammenarbeit und intensiven Vernetzung ihre jeweiligen Eigenheiten und selbständigen Funktionen behalten. Die Zusammenarbeit kann harmonisch, effizient und konstruktiv sein, oder aber es können Reibungsverluste auftreten. Wollen wir selbst Verantwortung und Führung übernehmen, so müssen wir zunächst dafür sorgen, daß uns die oftmals im Unbewußten wirkenden Absichten bewußt werden.

«Zwei Seelen wohnen, ach, in meiner Brust»

Sie kennen den Ausspruch wahrscheinlich. Häufig sind es sehr viel mehr. Stefanie hat schon längst Feierabend, aber eine Stimme in ihr sagt: «Den Bericht mußt du noch fertigstellen, das hast du zugesagt, und was man verspricht, muß man auch halten.» Ein anderer Teil in ihr beklagt sich darüber, daß sie nur unvollständige Informationen zur Verfügung hat, so daß ihr Aufwand sehr viel größer ist als zunächst geplant: «Das ist ja nicht meine Schuld, sollen die doch sehen, was dabei herauskommt.» «Ich werde in meinem Bericht auf die Versäumnisse hinweisen», meldet sich eine weitere Stimme. «Aber das kostet zusätzliche Energie und, wenn es nicht richtig vorbereitet ist, führt es eher zu Streit und Kräfteverzehr als zu konstruktiven Lösungen für die Zukunft», ist der nächste Einwand. «Zu Hause wartet meine Familie, dafür habe ich auch Verantwortung», meint die nächste Stimme. Vielleicht spürt Stefanie auch noch den Wunsch, einmal etwas für sich allein zu tun, einfach nur zu bummeln oder sich anderweitig zu entspannen etc. Es geht nicht alles zur gleichen Zeit. Und immer, wenn Stefanie das eine tut, denkt sie an das, was nun zurückstehen muß und versäumt wird. Wenn sie jetzt nicht aufpaßt, gerät sie in Streß, versucht, allem ein bißchen gerecht zu werden und ist letztlich doch unzufrieden, abgespannt und kraftlos.

Es kommt also der Balance unserer Energie entgegen, wenn wir Klarheit und einen sinnvollen Ausgleich finden zwischen den verschiedenen Absichten und Anforderungen sowie unseren verfügbaren Kräften.

Die Quellen unserer Energie

Zu einem ausgeglichenen Energiehaushalt müssen wir auch das wechselseitige Zusammenwirken von Geist, Seele und Körper beachten. Störungen in einem Bereich strahlen auch auf die anderen aus. Sind wir körperlich nicht gut drauf, so fällt es uns zumeist schwer, unsere Gedanken klar und konstruktiv zu ordnen: wir benötigen mehr Energie. Ebenso hat unser mentaler Zustand Einfluß auf unser körperliches Wohlbefinden. Erst wenn Fahrzeug und Fahrer in guter Verfassung sind und harmonisch zusammenarbeiten, können exzellente Leistungen erbracht werden.

Sind wir in der Balance, so sind wir geistig, seelisch und körperlich gesund. Gefährdet ein Energiedefizit die Gesundheit in einem Bereich, so strahlt dies auch auf die anderen aus.

Häufig können wir es Personen an ihrer Ausstrahlung direkt ansehen, wenn sie ausgeglichen, in Balance und energievoll sind. Ihnen fällt dann nicht nur die Erledigung ihrer Aufgaben leichter, sondern sie wirken zugleich überzeugender. Und sie sind schließlich erfolgreicher.

In diesem Kapitel wird es darum gehen, wie wir zusätzliche Kräfte aktivieren können, um Energie zu tanken. Dies ist besonders hilfreich, wenn wir ausgebrannt, lustlos und energiearm sind. Wir können diese Möglichkeit aber auch dafür nutzen, uns rechtzeitig Energiereserven zuzulegen. Vier Bereiche werden im nachfolgenden behandelt: Der Atem, die Ernährung, die mentale Einstimmung und die positiven Wirkungen einer verbesserten Körperhaltung. Im 2. Teil «Übungen zur Psycho-Power» folgen dann ausführlichere Anleitungen.

Der Atem: Ihr Schlüssel zur Lebensenergie

Daß wir atmen müssen, ist so selbstverständlich, daß wir uns zumeist wenig Gedanken darüber machen. Und dennoch kann die Art, wie wir atmen, unseren Energiehaushalt entscheidend beeinflussen. Ausdrücke wie «ich bin atemlos», «mir stockt der Atem», «ich muß erst einmal durchatmen» etc. zeigen, welche Bedeutung der Atem besitzt. Auch die Schöpfungsgeschichte berichtet davon, daß dem Menschen mit dem Atem Leben (Lebensenergie) eingehaucht wurde, und veranschaulicht seine lebenswichtige Funktion.
Wir im Westen betonen das Einatmen stärker: Übungsanweisungen beginnen zumeist mit dem tiefen Luftholen. Im asiatischen Raum wird dem Ausatmen der Vorrang gegeben und oft vom Aus- und Einatmen gesprochen statt von Ein- und Ausatmen. Ein Yogispruch lautet: «Der richtige Einatem ist ein Geschenk des Ausatmens.» Der unterschiedliche Akzent hat si-

cherlich einen medizinisch-körperlichen Aspekt. Zudem weist er darauf hin, daß das Atmen mit einer unterschiedlichen Einstellung vollzogen werden kann. Nicht von ungefähr ist das Atmen eine wesentliche Einstimmung für Meditationen und Besinnungen. Beim Einatmen steht die Aufnahme, etwas zu bekommen, im Vordergrund. Der Vorrang des Ausatmens steht im Zusammenhang mit Loslassen. Er symbolisiert Gelassenheit.

Testversuche mit verschiedenen Personengruppen haben die Verbindung zwischen Atmung und Emotionen gezeigt. Bei angenehmen Empfindungen verringert sich die Atemfrequenz bei gleichzeitiger Zunahme des Atemvolumens, d. h. das Atmen wird ruhiger und tiefer. Bei unangenehmen Empfindungen – sei es in einer realen Situation oder in der gedanklichen Vorstellung – tritt das Gegenteil ein. Interessanterweise bleibt dabei die Zeit des Einatmens in etwa gleich, es variiert vor allem die Ausatmungszeit. Durch intensives Ausatmen erhöht sich das Volumen des Einatmens – durch Loslassen wird mehr empfangen.

Offenbar steht die Ausatmung in engerer Beziehung zu unserer Stimmung. Wenn wir uns dessen bewußt werden und regulierend eingreifen, können wir uns auch entsprechend einstimmen. Wenn Sie einige Male am Tag bewußt atmen, ist dies bereits eine gute Entspannungsübung, die Sie intensiver mit Energie versorgt. Bewußtes Atmen heißt nicht, daß wir das Atmen steuern oder gar in bestimmter Weise zwingen wollen, sondern dem Rhythmus des Ausatmens, der Ruhe und des Einatmens Raum lassen und ihm nachspüren. Da-

durch wird der Atem automatisch ruhiger und tiefer. Tiefer heißt nicht nur, daß wir mehr Luft aufnehmen, sondern auch dem Austausch von Energie und der Abgabe verbrauchten Atems mehr Raum geben. Ruhiger atmen führt in aller Regel zu einer ausgeglicheneren Einstimmung und damit zugleich zu einem effizienteren Umgang mit Energie. Statt uns in Hektik zu verzetteln, erleben wir die «Kraft der Ruhe».
Bewußt atmen ist zugleich ein Stück Selbstbesinnung und eine einfache Form der Meditation im Sinne von Konzentration. Dies bringt unseren Energiehaushalt in eine bessere Balance. Doch auch beim Einüben des bewußten Atmens sollten Sie nicht Dogmen folgen, sondern Ihren eigenen Weg finden und nachspüren, welche Art des Atmens für Sie am wirkungsvollsten ist.

Die Ernährung: Der Mensch ist, was er ißt

Einen Großteil unserer Energie erhalten wir über die Nahrungsaufnahme. Andererseits verursacht die Nahrungsverwertung, die Verdauung, einen nicht unbeträchtlichen Energieverbrauch. Dies zeigt sich z. B. in der Müdigkeit nach einem umfangreichen Mahl. Die Ernährung spielt für unsere Energiebilanz eine so wesentliche Rolle, daß sie nicht ausgeklammert werden kann. Auch wenn wir an dieser Stelle nicht auf spezielle Diäten eingehen können, möchten wir doch Anregung geben, sich die eigenen Eßgewohnheiten bewußt zu machen und zu hinterfragen.

Häufig führt dies zu der Erkenntnis, bestimmte Speisen in Zukunft zu meiden oder doch zumindest deutlich zu reduzieren. Aber dann hapert es oft mit der Umsetzung der Entscheidung. Vielleicht wollen Sie auf bestimmte Fleischsorten oder Süßigkeiten, alkoholische Getränke etc. künftig verzichten, aber das Verlangen wird dann immer wieder größer als alle guten Vorsätze. Offensichtlich ist der damit verbundene Lustgewinn größer als die Logik und Erkenntnis in bezug auf unsere Energieversorgung durch diese Nahrung bzw. das Genußmittel. Hier bietet NLP die Möglichkeit, diese unheilvolle Verbindung zwischen vermeintlicher Ursache und erhoffter Wirkung aufzulösen.

Michael wollte aus gesundheitlichen Gründen und auf Anraten seines Arztes auf Pralinen und ähnliche Süßigkeiten verzichten, konnte ihnen aber kaum widerstehen. Gegen Äpfel hatte er eine Abneigung. Michael stellte sich nun gedanklich vor, wie er Pralinen aß, und nahm diese Szene möglichst lebendig und mit all seinen Sinnen wahr. Er spürte den Geschmack im Mund, sah das Bild der Pralinen, hell, scharf und farbig, überdimensioniert und im rechten oberen Teil seines Blickfeldes. Ihm lief das Wasser im Mund zusammen. Er hörte sich sagen: «Diese sind besonders gut» und fühlte sich wohl. Nach einer Pause wiederholte er den Vorgang, nun mit den Äpfeln: Das Bild war deutlich kleiner, unbewegt, dunkler und weniger scharf. Es lag im linken unteren Blickfeld. Die Gefühle waren unangenehm und abweisend. Nach nochmaliger Unterbrechung verband Michael nun Form, Details und

Die Anleitung zu dieser Übung finden Sie ab S. 81

Erleben der Pralinen mit dem Verzehr der Äpfel und umgekehrt. Die Pralinen erschienen also unten links, weniger scharf, kleiner, in dunkleren Farben; die Äpfel waren entsprechend oben rechts, größer, leuchtend und hell. Michael tauschte seine Gefühle und Affinität zwischen Äpfeln und Pralinen. Die Pralinen verloren ihre unwiderstehliche Anziehungskraft, die Äpfel wurden attraktiver.

Es geht also nicht darum, uns mit Diäten zu kasteien, sondern die Freude am Essen mit solchen Speisen zu verbinden, die wir auch unter anderen Gesichtspunkten bevorzugen, z. B. im Hinblick auf ihre gesundheitlichen Auswirkungen und unseren Energiehaushalt.

Das Ziel ist es, das, was wir essen wollen, auch gern zu essen. Wenn wir ständig gegen unser Verlangen ankämpfen müssen, kostet uns das unnötige Energie. Es geht also darum, Wege zu finden, auch unser Unbewußtes für das zu begeistern, was wir bewußt für das richtige halten, damit es an der Erreichung unserer Ziele mitwirkt.

Mentale Energie: Ihr unerschöpfliches Kräftereservoir

Oftmals, wenn wir uns besonderen Schwierigkeiten gegenübersehen, «auf dem linken Bein erwischt werden», oder es nicht gleich auf Anhieb klappt, zweifeln wir an unseren Fähigkeiten, werden mut- und kraftlos. Gerade jetzt, wo wir es besonders nötig hätten, fehlt uns die Energie und der Zugang zu unseren Ressourcen. Die Verbindung zu unseren Fähigkeiten ist blockiert. In einer derartigen Situation hilft es, wenn wir sozusagen den «Schalter umlegen», die Blockade auflösen und wieder Zugang zu unserer Lebensenergie finden können. Dies ist mit einer mentalen Übung möglich.

Erinnern Sie sich bitte an drei Ereignisse der Vergangenheit, in denen Sie ganz mit sich zufrieden, kraftvoll und erfolgreich waren und Ihre Lebenslust spürten. Wählen Sie ein Ereignis davon aus und stellen es sich so lebendig wie möglich vor, erleben es sozusagen noch mal mit allen Ihren Sinnen.

Thomas wählte eine Gegebenheit beim Schulsportfest: Als Schlußläufer der Staffel übernahm er den Stab, als seine Mannschaft schon so weit hinten lag, daß ein Sieg aussichtslos schien. Er erlebte noch einmal, wie er zunächst langsam näher kam, zusätzliche Kräfte mobilisierte und dennoch locker blieb, um schließlich für alle unerwartet als erster durchs Ziel zu gehen. Er sah sich laufen, hörte die begeisterten Rufe und Gratulationen und fühlte, wie er mit sich und der Welt zufrieden war. Er gab der Szene die Überschrift «Jetzt zeige ich es ihnen» und verband diese Erinnerung mit einem tiefen Durchatmen. Wenn es künftig für ihn darauf ankommt, locker und doch zielstrebig Zugang zu seinen inneren Ressourcen und seiner Lebensfreude zu finden, atmet er einmal tief durch und sagt sich in Gedanken «Jetzt zeige ich es ihnen».

Energiereserven mobilisieren

Vergegenwärtigen Sie sich eine Situation, in der Sie besonders energievoll und erfolgreich waren

Damit hatte Thomas seinen Schalter installiert. Er hatte einen Schlüssel zu seinen Energiereserven und deren konstruktivem Einsatz gefunden. Die Erinnerung bringt uns auf diese Weise in Kontakt zu unseren Energien, die wir bereits früher verfügbar hatten. Diese Verbindung nennt man im NLP «Ankern».

Mit diesem Anker wird nicht nur ein blockierter und problemorientierter Zustand beendet, der uns schnell in die Verzagtheit und Energielosigkeit führen würde, sondern zugleich ein energievoller aktiviert, dem wir vertrauen können, weil er unserer eigenen Lebensgeschichte entspringt. Dabei ist es gleichgültig, ob das gewählte Ereignis aus der beruflichen oder der privaten Sphäre stammt und längere oder kürzere Zeit zurückliegt. Wesentlich ist, daß wir beim Wiedererleben unsere Lebensenergie spüren und einen erfolgreichen Abschluß finden. Ein Wort, eine Überschrift, ein Titel ermöglichen es uns dann später, dieses ganze Erleben in Sekundenschnelle lebendig werden zu lassen. Eine körperliche Ergänzung wie das Durchatmen bei Thomas, das Zusammenlegen von Fingern, Berühren des Handrückens oder ähnliches verstärkt die Wirkung und gibt auch unserem Unbewußten das Zeichen: Jetzt kommt es darauf an, unsere Energien in effizienter Weise verfügbar zu haben.

Kongruenz: Richten Sie sich äußerlich und innerlich auf

Vielfach sehen wir es Menschen schon an ihrer Haltung an, ob sie energievoll, freudig, konstruktiv und lösungsorientiert auf uns zukommen oder eher kraftlos, schlaff, verzagt und von Problemen erdrückt sind. Zumeist mögen wir uns selbst besser leiden und sind bei der Erledigung unserer Aufgaben erfolgreicher, wenn wir aufgeschlossen und energievoll statt kraftlos und verzagt sind. Der Körper ist jedoch nicht nur Ausdruck unserer Stimmung, sondern es besteht eine Wechselwirkung. Versetzen Sie sich einmal in eine schlaffe und bedrückte Haltung, lassen Sie sich zur rechten oder linken Seite hin oder nach vorne hängen. Spüren Sie nun nach, wie sich auch Ihre Stimmung verändert.

Wechseln Sie dann in eine aufrechte, kraftvolle, zentrierte Haltung mit klarem Blick und erhobenem Kopf. Jetzt spüren Sie, wie Sie einen besseren Zugang zu Ihren Energien bekommen und sich Ihrer Ressourcen bewußt werden. Der Körper ist praktisch unser Gefäß. Lassen wir ihn umkippen, fließt auch der Inhalt aus, richten wir ihn auf, entwickelt er das volle Fassungsvermögen – auch für unsere Energien. Mit unserer Körperhaltung können wir uns unterstützen, wenn es darauf ankommt, uns auch innerlich wieder aufzurichten.

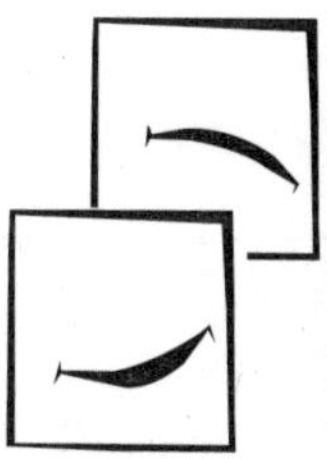

Forscher haben herausgefunden, daß Tiere etwa vierzig Prozent ihrer Energie aufbringen müssen, um sich auf vier Beinen zu halten, Menschen mit aufrechter

Körperhaltung dagegen nur achtzehn Prozent Energie. Ist der Rücken gekrümmt und hängt der Kopf, so steigt der Energieaufwand. Die Körperhaltung ist somit eine gute Möglichkeit, uns selbst einzustimmen, unsere Energie fließen zu lassen und unsere Ausstrahlung nach außen zu verbessern. Zudem kann sie unseren Energieverbrauch mindern.

Den Energiefluß beobachten

Da der Energiezustand unsere Befindlichkeit beeinflußt, kann umgekehrt von unserer Befindlichkeit auf unseren Energiefluß geschlossen werden. Wenn wir uns «ausgebrannt», «leergepumpt» fühlen, Konzentrationsmängel haben, schnell erregt, lustlos oder vergeßlich sind, dann sind dies Anzeichen fehlender Energie, die wir häufig als Streßsymptome bezeichnen. Solche Vorwarnungen bleiben vielfach unbeachtet oder werden mit der Hoffnung abgewehrt, daß sich alles schon wieder irgendwie einrenkt. Aber, um auf die Metapher des Autofahrens zurückzukommen: Niemand ist gut beraten, wenn er eine weite Reise antritt und das Aufblinken der Warnleuchte für den Tankinhalt übersieht. Er sollte rechtzeitig auftanken. In so einer Situation warten wir normalerweise nicht, bis der Wagen mangels Sprit liegenbleibt. Auch Hinweise auf unseren persönlichen Energiezustand sollten wir beachten, bevor es zu ernsthafteren Problemen kommt.

Wenn wir uns nicht gut fühlen und kraftlos sind, können wir unseren Energiefluß testen, um auf diese Weise belastende Aspekte zu identifizieren und hilfreiche Alternativen zu prüfen.

Gibt es eine undichte Stelle, an der Treibstoff unproduktiv abfließt, so ist dieses Leck nicht immer leicht zu lokalisieren.

Mathias glaubte, daß die Ursache für seinen sinkenden Energiezustand in seinem sich immer wieder verzögernden Abschluß des Studiums lag. Es lag nahe, andere kräftezehrende Aktivitäten zu reduzieren und sich auf den Abschluß zu konzentrieren. In einer detaillierteren Betrachtung im Rahmen einer Beratung erkannte er dann, daß er offenbar das falsche Ziel angestrebt hatte und sich nur nicht eingestehen wollte, daß ihn zwar die Germanistik interessierte, aber nicht der Lehrberuf. Die Vorstellung, als Lehrer tätig zu sein, blockierte seinen Energiefluß. Ihm wurde deutlich, daß er immer wieder an anderen Projekten teilgenommen hatte, um den Abschluß und damit den Berufseintritt hinauszuschieben, ohne sich dessen bewußt zu werden. Er wechselte seine berufliche Ausrichtung, ist inzwischen als Journalist tätig und sprüht vor Energie, trotz einer Fülle zusätzlicher Tätigkeiten.

Oftmals liegen die Ursachen woanders, als wir es zunächst vermuten. Gelegentlich fällt es schwer, allein durch rationales Nachdenken den tatsächlichen Zusammenhängen auf die Spur zu kommen. Dann kann es geschehen, daß wir immer wieder Dingen Priorität einräumen, die unseren tatsächlichen Absichten zuwiderlaufen und erhebliche Energie kosten.

Wenn wir – wie bereits besprochen – unsere Energiebilanz auflisten, die jeweiligen Situationen intensiv gedanklich nacherleben und wahrnehmen, können wir Blockaden auflösen. In der Rolle des Betrachters finden wir leichter Zugang zu unseren Empfindungen und mentalen Einstellungen, als dies in der unmittelbaren konkreten Situation möglich ist. Wir gewinnen Abstand und damit eine bessere Übersicht. Wir können uns selbst zuhören, ohne gleich wieder aktiv werden zu müssen. Wir können uns in der entsprechenden Situation begreifen, statt unverzüglich zu handeln. In der Rolle des Betrachters können wir uns selbst sehen, hören und fühlen, um wahrzunehmen, ob wir in einem ausgeglichenen und energievollen Zustand sind. Nicht immer gelingt es uns ohne weiteres, eine entsprechende Situation zugleich intensiv zu erleben und Abstand zu gewinnen, vor allem, wenn wir gedanklich bereits auf ein bestimmtes Ergebnis fixiert sind. Hier hilft es, wenn uns neben der gedanklichen Klarheit oder dem mentalen Nacherleben und Wahrnehmen eine dritte Möglichkeit des Testens offensteht.

Wir können unseren Energiefluß testen

Daß wir unseren Energiefluß testen können, beruht auf der engen Wechselwirkung zwischen Körper und Geist, unseren Gedanken und den körperlichen Reaktionen. Bestimmte Situationen, Handlungen oder Ereignisse wirken energiestärkend oder -mindernd und dieses Ergebnis tritt bereits ein, wenn wir uns die entsprechende Begebenheit gedanklich vergegenwärtigen. Das Aufladen oder Entleeren der Energie korrespondiert unmittelbar mit der Thymusdrüse, die über Hormone und Lymphsysteme die Lebensenergie des Körpers steuert. Die Auswirkung ist am Muskelwiderstand abprüfbar.

Die Thymusdrüse befindet sich in der Mitte der Brust hinter dem oberen Brustbein. Sie ist in der neueren

Medizin lange Zeit wenig erforscht worden. Bei den alten Griechen bedeutete «thymos» Lebensenergie. Hippokrates bezeichnete die Lebensenergie als die Heilkraft der Natur. Die Inder sprechen von Prana, die Chinesen von Chi, die Japaner von Ki, und immer ist die geistig und körperlich wirkende Lebensenergie gemeint.

Aufgrund der unmittelbaren Reaktion der Muskulatur, ihrer Widerstandskraft, besteht die Möglichkeit, die stärkende oder schwächende Wirkung verschiedener Verhaltensweisen und Situationen mit Hilfe eines «Muskeltests» zu prüfen. Versuche haben gezeigt, wie sich der Energiezustand allein durch die gedankliche Vorstellung eines unangenehmen Ereignisses verändert. So wurde Testpersonen, die sich im Gespräch in einem stabilen Energiezustand befanden, gesagt, daß einer ihrer schwierigen Klienten angerufen habe. Ihre Reaktion zeigte sofort eine deutliche Schwächung der Muskeln. Umgekehrt konnte ein geminderter Energiezustand durch die Vorstellung einer erfreulichen Situation stark verbessert werden. Dieser *«Muskeltest»* ist mit relativ wenig Übung erlernbar und wird im ersten Kapitel des Übungsteils beschrieben. Es geht dabei nicht um medizinische Fragen, sondern nur um die Möglichkeit, Hinweise dafür zu erhalten, inwieweit Vorhaben, Handlungen und Ereignisse etc. unseren Energiezustand stärken oder schwächen. Es ist immer wieder erstaunlich, wie sich der Energiezustand allein durch Worte, Gedanken und Vorstellungen entscheidend verändert. Der Muskeltest besteht darin, daß wir uns mit einem Partner

Die Übung finden Sie ab S. 58

nacheinander verschiedene Handlungsalternativen oder Varianten vorstellen und dabei überprüfen, bei welchen die Energie steigt bzw. sinkt. Bei dem Test ist es nicht erforderlich, daß derjenige, der etwas testen will, explizit mitteilt, worum es sich handelt. Die Vorstellung reicht. Sie ist der Auslöser für einen energiereichen und ressourcevollen Zustand oder den Abbau der Energien.
Karin war im Zweifel, ob sie den neuen Job in einer etwa 30 km von ihrem jetzigen Wohnsitz entfernten Stadt annehmen sollte. Es war eine Herausforderung, interessant, aber es gab viel Neues zu lernen. Sie versetzte sich gedanklich in die Situation, als hätte sie die neue Stelle bereits angetreten. Der Test reagierte schwach. Zur Kontrolle überprüfte sie nun ihre Vorstellung, weiterhin in ihrer jetzigen Firma zu bleiben – und auch hier reagierte der Test schwach. Karin war irritiert. Sollte sie sich etwas ganz Neues suchen? Die genauere Betrachtung ihrer Vorstellung von der neuen Situation ergab, daß sie davon ausging, ihre bisherige Wohnung beizubehalten und täglich zu pendeln. Als sie nun die Variante prüfte, auch ihren Wohnsitz in die Nähe der neuen Arbeitsstelle zu verlegen, kam es zu einer energievollen Reaktion. Nicht die Umstellung und das Lernen erforderte einen übermäßigen Krafteinsatz, sondern das tägliche Pendeln. «Darauf wäre ich eigenartigerweise gar nicht gekommen», kommentierte sie, «aber jetzt leuchtet es mir ein.» Auch die Vorstellung des Umziehens und der Neuorientierung brachten keine Beeinträchtigung. Sie stellte fest, wie stimmig es für sie war, am gleichen Ort zu woh-

nen und zu arbeiten. Dieses Beispiel zeigt, wie wesentlich es ist, die abzuprüfende Zielvorstellung präzise zu beschreiben und ggf. die einzelnen Modalitäten zu variieren.
Schließlich überprüfte Karin das Bild ihrer Entscheidung anhand der Übung, wie wir sie bei der Auflistung unserer Energiebilanz angesprochen hatten. Die Szene stellte sich ihr in hellen Farben, groß und oben links dar. Sie stimmte mit ihrem Erleben energievoller Situationen überein.
Wir haben also die Möglichkeit, die verschiedenen Formen der Überprüfung miteinander zu kombinieren: Der Muskeltest gibt uns als körperliche Reaktion eine unbewußt gefundene Antwort darauf, wie sich das anstehende Thema in seiner Fragestellung auf unseren Energiezustand auswirkt. Die mentale Vorstellung eröffnet uns die Möglichkeit, die Einzelheiten der gegenwärtig erlebten Szene mit solchen aus vergangenen Situationen zu vergleichen, die wir entweder als energievoll oder kräftezehrend erlebt haben. Dies kann zugleich der Einstieg für Veränderungen und das Suchen nach Alternativlösungen sein. Für das Auffinden von Varianten und das präzise Formulieren neuer Überlegungen kann schließlich auch noch die kognitive Auseinandersetzung mit dem Thema sinnvoll sein. Stimmen wir auf allen drei Ebenen mit der gefundenen Lösung überein, so ist die Chance groß, einen konstruktiven Weg gefunden zu haben, der unseren Ressourcen und unserem Energiefluß entgegenkommt.

Übungen für die Psycho-Power

In diesem Teil werden Ihnen konkrete Übungen angeboten, um Ihre Energiebilanz zu verbessern, wenn Sie zusätzliche Kräfte mobilisieren müssen. «Soforthilfen» und die Übungen «Atmen und Entspannung» sind geeignet, uns sowohl kurzfristig zu helfen als auch langfristig mit Energie zu versorgen. Die Übungen zur Anpassung unserer Ernährung, eventuellen Veränderungen unserer Wertsysteme und der Entwicklung positiv wirkender Zielgedanken haben vor allem strategische Bedeutung. Sie sollen langfristig und dauerhaft unseren Energiezustand verbessern.
Bevor wir darangehen, Situationen, Gewohnheiten und Einstellungen zu variieren, ist es sinnvoll zu überprüfen, wie sie sich in bezug auf unseren Energiehaushalt verhalten. Hierzu dient der Energietest.

Testen Sie Ihre Energie

Körper, Geist und Seele wirken eng zusammen. Ob wir energievoll und gut drauf sind, können wir an unserer körperlichen, kognitiven oder mentalen Verfassung und Leistungsfähigkeit überprüfen. Die körperliche Reaktion eignet sich zum Test besonders gut, da wir hier bewußte Beeinflussungen leichter ausschließen können.

Der Muskeltest

Er beruht, wie bereits im letzten Kapitel ausgeführt, auf der engen Wechselwirkung zwischen unserer Lebensenergie und den Reaktionen unseres Körpers, die wir besonders leicht und zuverlässig über die Armmuskeln, speziell den Deltamuskel, testen können. Allerdings benötigen wir für diese Übung einen Partner, der als Tester fungiert, während bei uns als Testperson die Energie überprüft wird. Die Übung selbst besteht aus folgenden Schritten:

1. Die Testperson steht aufrecht und entspannt; der rechte Arm bleibt locker an der Seite hängen, während der linke Arm mit gestrecktem Ellenbo-

gen seitlich zum Körper in die Waagerechte gehoben wird.

2. Der Tester steht parallel zur Testperson und legt seine linke Hand auf deren rechte Schulter und die rechte Hand auf den ausgestreckten linken Arm des Partners direkt oberhalb des Handgelenks.
3. Der Tester kündigt nun an, daß er versuchen wird, den Arm herunterzudrücken, während die Testperson versucht, diesem Druck standzuhalten, also den Arm in der ausgestreckten Stellung zu behalten. Bei späteren Tests kann das Startsignal auch von der Testperson ausgehen.
4. Dann drückt der Tester fest und bestimmt auf den Arm des Partners, zwar nicht ruckartig, aber mit soviel Druck, daß er die Spannkraft des Muskels spüren kann. Wir wollen nicht herausfinden, wer stärker ist, sondern es soll der Energiezustand getestet werden! Der Druck sollte also spätestens nach drei Sekunden beendet werden bzw. dann, wenn der Arm deutlich nachgegeben hat.

Fast immer kann der Muskel dem Druck widerstehen oder doch zumindest eine sehr deutlich spürbare Kraft entgegensetzen.

Ist der Arm kraftlos, so liegt die Vermutung nahe, daß die Testperson sich nicht in ihrem normalen Energiezustand befindet. Um spätere Vergleichstests durchführen zu können, ist es notwendig, jetzt zunächst etwas für die Stabilisierung zu tun. Eine unmittelbare Brücke zu unserer Energieebene ist die Thymusdrüse. Sie liegt hinter unserem Brustbein, etwa 2 cm unterhalb der Stelle, an der die beiden Schlüsselbeinkno-

Der Muskeltest

Mit Hilfe des Muskeltests können Sie Ihren Energiezustand erkennen.

chen zusammenkommen. Durch leichtes Klopfen auf diese Stelle kann die Thymusdrüse stimuliert werden. Vielfach hilft es auch, ein Glas Wasser zu trinken. Der vorher beschriebene Test wird dann noch einmal in seinen vier Schritten wiederholt.

Ziel dieser ersten Einstimmung ist es, daß der Tester ein Gespür für den Muskelwiderstand der Testperson bekommt, wenn diese sich in einem ausgeglichenen, normalen Energiezustand befindet. In der nächsten Phase wird der Test noch einmal durchgeführt. Die Testperson ruft sich nun ein sehr erfreuliches, erfolgreiches und energievolles Ereignis in Erinnerung, z. B. eine Situation, wie sie Thomas bei seinem Staffellauf für die Schulmannschaft erlebt hat. Der Tester wird hier in der Regel einen stärkeren Widerstand bei der Testperson feststellen, sie ist kraftvoller und energiereicher.

Abgerundet wird diese Einstimmungsphase, indem sich die Testperson bei einem nochmaligen Test eine bedrückende oder eine traurige Situation in Erinnerung ruft. Hier reagiert dann in aller Regel der Muskel wesentlich schwächer, auch wenn der Wille da ist, den Arm oben zu behalten.

Mit dieser Testfolge hat sich der Tester sozusagen auf die Testperson «geeicht». Er hat die Reaktionen bei einer normalen, einer stärkenden und einer schwächenden Einstimmung der Testperson gespürt. Ergänzt werden kann die «Eichung» mit der nochmaligen Vorstellung der zweiten Testsituation. Dadurch wird die Rückgewinnung der Energie noch mal erlebt und die Einstimmung positiv abgerundet.

Die zweite und dritte Testphase zeigt besonders dann klare Ergebnisse, wenn die Testperson sich die jeweilige Situation möglichst konkret und lebendig vorstellt, also auch emotional nacherlebt. Um dem Tester den richtigen Moment anzuzeigen, ohne daß die Testperson dadurch aus ihrem Erleben herausgeht, hat es sich als sinnvoll erwiesen, wenn das Startsignal nicht durch den Tester (wie im 3. Schritt der Übungsbeschreibung, sondern durch die Testperson erfolgt: Im Moment des intensiven Erlebens hebt sie den Arm in die Waagerechte oder gibt, wenn sie dies bereits vorher getan hat, mit einem leichten Kopfnicken ein Zeichen. Damit sind nun die Voraussetzungen geschaffen, die eigentlichen Anliegen und Fragen zu testen. Bei Entscheidungsfragen kann sich die Testperson die verschiedenen Alternativen gedanklich vorstellen und dabei überprüfen lassen, bei welcher sie stark und bei welcher sie schwach reagiert. Dabei ist es nicht erforderlich, daß dem Tester die Alternativen beschrieben oder bekanntgegeben werden. Entscheidend ist nur, daß die Testperson die jeweilige Situation für sich eindeutig bestimmt und sie möglichst intensiv mit allen Sinnen erlebt, d. h. mit Sehen, Hören, Fühlen, eventuell Riechen und Schmecken. Wenn zunächst scheinbar keine eindeutigen Antworten erkennbar sind, kann die Übung immer wieder variiert werden, um die Antworten zu präzisieren. Anja testete z. B., ob sie bei der Vorstellung ihres Wunsches nach einem Kind stark reagierte. Die Testreaktion war schwach. Aber auch bei der Vorstellung, kinderlos zu bleiben, blieb der Test schwach. Bei der Kombination des Kinderwun-

sches mit der Vorstellung einer künftigen Halbtagstätigkeit war die Reaktion stark.
Diese Notwendigkeit, die Situation möglichst präzise zu beschreiben, birgt zugleich die Chance, die einzelnen Modalitäten herauszufinden, die uns energievoll stärken, und jene auszufiltern, die die Gesamtsituation verschlechtern. Oftmals haben gerade diese zusätzlichen Bedingungen einen entscheidenden Einfluß auf unseren Energiezustand.
Das Spektrum der Fragestellung kann sehr breit sein; Ihrer Phantasie und Neugier sind dabei keine Grenzen gesetzt. Der Test kann uns bei der Orientierung helfen. Eine optimale Lösung kann jedoch nur ihre Bestätigung finden, wenn sie uns zuvor eingefallen ist. Es ist ähnlich wie beim Nachschlagen im Duden. Nur, wenn wir eine Ahnung entwickeln, wie die richtige Schreibweise sein könnte, werden wir die Bestätigung finden. Deshalb sollten wir zusätzliche Varianten und Alternativen entwickeln, wenn uns das Ergebnis noch nicht befriedigt. Hierzu können wir unsere kognitiven oder unsere mentalen Fähigkeiten einsetzen, also entweder eher auf analytisch-logischem Wege oder intuitiv unsere Kreativität aktiv sein lassen.

Neue Wege finden

Ein Weg besteht darin, eine komplexe Situation in ihre wesentlichen Elemente zu zerlegen. Bei Anjas Kinderwunsch könnten neben den Alternativen «Ja oder Nein» die Rahmenbedingungen variiert werden: Ihre bereits angesprochene berufliche Tätigkeit (Vollzeit, Aufhören, Halbtagstätigkeit, andere Alternativen), Fragen der Partnerschaft (verheiratet, eine andere Form der festen Lebensgemeinschaft, unabhängig, etc.), die Wohnsituation, die eigene Fortbildung, Reisen und Freizeitgestaltung und sonstige Bereiche der eigenen Lebensführung. Die verschiedenen Segmente können wir dann mit den unterschiedlichen Alternativen kombinieren. So erhalten wir eine Fülle von Variationen, möglicherweise Kombinationen, an die wir zunächst gar nicht gedacht haben.

Offen für neue Lösungen

Wichtig für ein positives und energievolles Erleben ist unsere mentale Einstimmung. Als Basis für das weitere Vorgehen werden wir uns auch hier wie beim Muskeltest zunächst durch Vergleiche die Indikatoren schaffen, uns der Wirkungsweise bewußt zu werden.

Wählen Sie zunächst wieder ein positives, erfolgreiches und energievolles Erlebnis. Rufen Sie es sich so lebendig wie möglich ins Gedächtnis und erleben Sie es mit allen Sinnen. Bei einer positiven Situation ist die visuelle Vorstellung häufig groß, hell, farbig. Sie befindet sich im oberen Bereich des Blickfeldes und ist eventuell bewegt. Negative Vorstellungen erscheinen oft kleiner, haben dunkle Farben oder sind in Schwarzweiß. Sie liegen im unteren Sichtfeld, sind meist ein Standbild und entweder verschwommen oder extrem scharf. Ermitteln Sie für sich, wo die entscheidenden Unterschiede liegen.

Ähnliches gilt für die auditive Wahrnehmung, also das Hören von Musik, Stimmen oder Geräuschen. Wir können Zuspruch, Lob und Begeisterung hören oder Zweifel und Ermahnungen. Musik und Geräusche können fröhlich, heiter oder traurig und unheilvoll klingen. Auch hier versuchen Sie bitte, sich der für Sie wichtigsten Unterschiede bewußt zu werden.
Gleiches gilt für unsere Gefühle und unsere Befindlichkeit. Spüren Sie ungünstige und kräfteraubende Situationen direkt körperlich, z. B. durch Beklemmungen in der Brust, Zuschnüren des Halses, Druck im Kopf, flachen Atem, als Magendrücken oder Verkrampfung der Hand? Empfinden Sie eine Besserung, wenn Sie zu einem positiven Ereignis wechseln? Werden Sie sich auch Ihrer emotionalen Reaktionen bewußt. Versuchen Sie bitte auch hier die wichtigsten Indikatoren zu erkennen. Dabei kommt es nicht auf eine umfassende Analyse an, sondern auf die Bestimmung weniger, aber für Sie typischer Merkmale.
Nachdem Sie sich so auf sich selbst eingestimmt haben, stellen Sie sich nun bitte die für Sie noch nicht voll befriedigende Situation so intensiv wie möglich vor. Sie werden jetzt aller Wahrscheinlichkeit nach mehr oder weniger deutlich Symptome der negativen Merkmale wahrnehmen. Lösen Sie sich nun etwas von der Situation und versuchen Sie, unabhängig davon, Ihre positiven Indikatoren zu erleben. Schieben Sie z. B. das Bild, wenn es klein und dunkel im unteren Blickfeld liegt, weiter nach oben. Vergrößern Sie es, und machen Sie es farbiger. Hören Sie statt des Zweifels den Zuspruch. Entspannen Sie sich, wenn

sich z. B. Ihr Magen zusammengezogen hat. Konzentrieren Sie sich also weniger auf die Gegebenheit selbst, sondern stärker auf die Veränderung Ihrer Wahrnehmungen. Im nächsten Schritt überprüfen Sie bitte, inwieweit sich die Rahmenbedingungen und Details Ihres Themas verändert haben. Häufig haben sich mit der Verschiebung des Bildes auch die einzelnen Gewichtungen verschoben. Vielleicht klingt das Ganze jetzt besser, oder Sie spüren, wo der richtige Weg liegt.

Die Testmöglichkeiten, gepaart mit der Mobilisierung unseres kreativen Potentials, verhelfen uns zu neuer Beweglichkeit. Wir bleiben nicht statisch bei der Frage, ob etwas gut oder schlecht für uns ist, sondern geben den Weg frei für neue Varianten, die wir dann erneut überprüfen können.

Soforthilfen

Bei Soforthilfen geht es weniger um die strategische Gestaltung unserer Lebensplanung oder Neugestaltung unserer Einstellungen, sondern um das schnelle Aktivieren zusätzlicher Energie. Wir wollen fit sein für den Moment. Sei es, daß ein für uns besonders wichtiges Vorhaben ansteht – das uns möglicherweise trotz aller Freude Streß bereitet –, wir gerade aus der Balance sind oder durch Überanstrengung «auf Reserve fahren».

Die Thymusdrüse

Bei der Beschreibung des Muskeltests haben wir bereits die Stimulierung der Thymusdrüse kennengelernt, also jener Brücke zwischen Lebensenergie und Befindlichkeit. Die Übung besteht darin, daß wir einige Male leicht auf unser Brustbein klopfen, etwa 2 Zentimeter unterhalb der Stelle, wo das linke und rechte Schlüsselbein sich am Brustbein vereinigen. Ist eine solche Bewegung in der gegebenen Situation zu auffällig, so reicht es auch, wenn Sie eine Hand auf Ihre Thymusdrüse legen. Erscheint auch dies zu offen-

Die Thymusdrüse - unser Energiezentrum

Leichtes Klopfen auf die Thymusdrüse, die unter dem Brustbein sitzt, stimuliert unsere Lebensenergie

sichtlich, können Sie sich zur Seite drehen oder eine kurze Pause machen. Dies gilt auch für die nachfolgenden Übungen. Eventuell kann auch – wie bereits beschrieben – ein Glas Wasser die Funktion der Thymusdrüse anregen und unseren Energiezustand verbessern.

Durchatmen

Eine andere Form, Streßhormonen entgegenzuwirken, ist das tiefe Durchatmen. Volksweisheiten wie «Erst einmal Luft holen» oder «Mir stockt der Atem» etc. zeigen das alte Wissen um diese Brücke zu unseren Energien und Ressourcen.
Allein tiefes Luftholen kann bereits befreiend wirken. Auf Atemübungen und Entspannung gehen wir im nächsten Kapitel noch weiter ein. Der flache und vielleicht stockende Atem trennt uns von unseren Energiequellen. Das tiefe und befreiende Durchatmen führt zu einer Gelöstheit, die auch Lösungen zuläßt.
Wenn Sie die Zunge gegen den Gaumen legen, aktivieren Sie einen Reflexpunkt, durch den ein tieferes Atmen ausgelöst wird – gelegentlich sogar ein Gähnen. Das war schon den Griechen und Römern bekannt. Auch in Indien wird diese Zungenstellung in einigen der alten Meditationsanweisungen beschrieben. Ein weiterer natürlicher Reflex, die Körperatmung zu vertiefen, ist das Gähnen. Es regt den Kreislauf und die Energiezufuhr im Gehirn an und löst

außerdem Verspannungen im Kopf und an der Kiefermuskulatur. Die Kiefergelenke sind eine wesentliche Verbindungsstelle zwischen Gehirn und Körper. Obwohl wir bei Katzen das entspannende Gähnen und wohlige Sich-Strecken possierlich finden, ist dies beim Menschen sozial meist wenig akzeptiert. In der Öffentlichkeit können Sie es daher nur begrenzt einsetzen.
Das zunehmende Bedürfnis zu gähnen kann innerhalb einer Gruppe auch ein Zeichen sein, daß jetzt eine Pause sinnvoll ist, denn es zeigt einen Mangel an Sauerstoff, Energie und Konzentrationsfähigkeit an.

Entspannungshilfen

Das Auflegen der Hand auf Stirn oder/und auf Hinterkopf wirkt entspannend. Manche Menschen verschränken unwillkürlich beide Hände am Hinterkopf. Das Berühren der beiden Stirnhöcker ist besonders wirksam. Die Stirnhöcker sind die Stellen auf der Stirn zwischen Augenbrauen und Haarlinie. Die Berührung mit den Fingerspitzen oder das leichte Massieren wirkt streßabbauend. Zugleich fördert es die Durchblutung und aktiviert die Zusammenarbeit der beiden Gehirnhälften, verbessert also unsere Kongruenz. Manche Menschen fassen sich instinktiv an die Stirn, wenn es um Blockaden geht. Zumeist ist die Bewegung so durchführbar, daß sie von anderen nicht besonders wahrgenommen wird.

Kongruenz finden

Unter Kongruenz verstehen wir unser inneres Gleichgewicht und das konstruktive Zusammenwirken unserer Energiequellen. Auch Kongruenz können wir durch spezielle Soforthilfen stabilisieren.
Dazu müssen wir das Zusammenspiel unserer beiden Gehirnhälften aktivieren und die Einseitigkeit bewußt auflösen. Geraten Sie beispielsweise beim Telefonieren in Streß, so können Sie den Hörer in die andere Hand nehmen. Oder Sie machen sich als Rechtshänder Aufzeichnungen mit der linken Hand. Einige haben gute Erfahrungen damit gemacht, zwischendurch in Spiegelschrift oder auf dem Kopf zu schreiben. Dadurch bringen wir zusätzliche Fähigkeiten in Bewegung. So können leicht Blockaden aufgelöst und Energien freigesetzt werden.
Die Einseitigkeit des Denkens führt möglicherweise auch zu einer geneigten Sitzhaltung. Das bewußte Einnehmen einer aufrechten und zentrierten Haltung richtet unsere Energie wieder auf und stabilisiert sie. Hierbei hilft es, das Brustbein zu heben und die Schultern zu lockern.

Das Spannungsbarometer

Verspannungen der Muskeln gehen oftmals *mit Verkrampfungen im Denken* einher. Ein zu hohes Maß an Muskelanspannung bindet unnötig Energie und be-

hindert ihren freien Fluß. Bei vielen Menschen sind Dauer-, Mehr-, Über- oder Unmutsspannungen zu beobachten. Zumeist sind sie ein Zeichen mangelnder Fähigkeit, mit sich und Entspannung umzugehen.
Diese Verkrampfungen werden oft nicht bemerkt. Das *Spannungsbarometer* kann Ihnen helfen, den unterschiedlichen Muskeltonus wieder wahrzunehmen und so die Voraussetzung dafür schaffen, Verspannungen aufzulösen. Zu Beginn der Übung stellen Sie sich bitte eine Skala von 1 (= völlig entspannt) bis 5 (= stark angespannt) vor. Spannen Sie bitte zunächst Ihre Hand stark an. Bilden Sie eine Faust, als ob Sie etwas zerdrücken wollten. (Stufe 5) Entspannen Sie nun bis Stufe 2 durch Öffnen der Faust; spannen wieder an auf Stufe 3 oder 4 und entspannen auf 1 oder 2. Durch mehrmaliges Wechseln zwischen den verschiedenen Stufen nehmen wir unseren Muskeltonus wieder bewußt wahr. Die Übung können Sie nun auch auf andere Muskelpartien ausdehnen. So sind Sie in der Lage, eintretende Verspannungen zu erkennen und rechtzeitig aufzulösen.

Der Power-Satz

Der sogenannte Power-Satz kann als Schlüssel zu unserer mentalen Energie dienen. Im ersten Teil wurde bereits beschrieben, wie sich Thomas aus dem positiven Erlebnis als Schlußläufer seiner Schulstaffel den Power-Satz «Jetzt zeige ich es ihnen» bildete.

Verfügen wir über einen solchen Power-Satz, so steht er uns auch als Soforthilfe zur Verfügung. Die Übung können Sie in folgenden Schritten vorbereiten:

1. Rufen Sie sich bitte drei Erlebnisse in Erinnerung, in denen Sie erfolgreich und voll mit sich zufrieden waren und Ihre Energie spürten.
2. Wählen Sie bitte eines aus. Dies Ereignis kann erst kurze Zeit oder auch länger zurückliegen.
3. Erleben Sie nun dieses Ereignis in Gedanken noch einmal so lebendig und konkret wie möglich mit allen Ihren Sinnen; sehen, hören und fühlen Sie wieder die Szene und sich selbst dabei. Spüren Sie Ihre Energie und Lebensfreude.
4. Nachdem Sie wieder ins «Hier und Jetzt» zurückgekehrt sind, suchen Sie bitte einen Titel, eine Überschrift, die künftig Ihr Power-Satz werden wird. Dieses Wort oder der Satz sollte prägnant und positiv sein, also keine Negation enthalten, d.h. «Ich bin zuversichtlich» statt «Ich bin nicht verzagt».
5. Wiederholen Sie jetzt bitte den 3. Schritt und sagen Sie im Moment intensivsten Nacherlebens in Gedanken Ihren Power-Satz.

Wenn Sie den 5. Schritt in den nächsten Tagen wiederholen, festigen Sie diesen Power-Satz, so daß er Ihnen künftig als Soforthilfe zur Verfügung steht.

Der Satz kann durch eine Bewegung oder ein anderes körperliches Signal verstärkt werden, beispielsweise das Zusammenlegen der Fingerspitzen, das Berühren des Handrückens, eines Ohrläppchens etc.

Atem und Entspannung

Atem ist der unmittelbare Zugang zu unserer Lebensenergie. Bewußtes Atmen heißt, den Fluß dieser Energie zuzulassen und eventuelle Störungen zu beseitigen. Es geht also in keiner Weise darum, den Atem zu kontrollieren oder gar zu vergewaltigen! Wir können den Atem gut führen, lenken, wenn wir uns dabei vom Atem selbst leiten lassen. Das mag zunächst paradox klingen, und doch ist es der sinnvollste Weg. Lassen wir etwas für uns Nützliches zu, so erhalten wir mehr Energie, als wir selbst dafür aufwenden.

Eine wirkungsvolle und zugleich einfache Art, sich dem Atem zuzuwenden, ist, ihm zwanglos und bewußt zu folgen. Mit der Konzentration auf den Atem erfolgt meistens auch eine Konzentration und Entspannung in unserem Denken. Sie können dies noch dadurch unterstützen, indem Sie leise oder in Gedanken Ihre Atemzüge zählen oder den Vorgang durch die Worte «ein und aus» begleiten. Dies wirkt ähnlich wie ein Mantra in den Meditationen; indem der Geist beschäftigt wird mit Dingen, die in Ergänzung oder zumindest nicht im Widerspruch zu unserer Komplentation stehen, hindern wir ihn, umherzuschweifen und uns abzulenken. Dennoch kann es am Anfang geschehen, daß wir trotz dieser Hilfen ins Überlegen

oder gar ins Grübeln geraten sind. Machen Sie sich dann keine Vorwürfe, sondern lassen Sie einfach los und kehren Sie zu dem ursprünglichen Vorhaben zurück: unseren Atem gedanklich mit leicht gesprochenen oder gedachten Worten zu begleiten. Denken Sie bitte daran: Hilfen zur Entspannung sollen helfen und nicht ihrerseits neuen Streß erzeugen.
Die Übung können Sie im Liegen, Sitzen oder Stehen und sogar im Gehen durchführen. Beim Liegen wählen Sie die Rückenlage und sind möglichst entspannt. Der Kopf wird leicht unterstützt, z. B. durch ein Kissen. Die Arme liegen ausgestreckt locker neben dem Körper. Haben Sie vor der Übung bereits gelegen, so kann es nützlich sein, wenn Sie zunächst aufstehen, sich richtig recken und sich dann gelöster und bequemer hinlegen.
Beim Sitzen, Stehen oder Gehen achten Sie bitte darauf, daß Sie aufrecht (also nicht nach hinten oder vorne geneigt) und zentriert (also nicht nach rechts oder links hängend) sind, also Ihr Rückgrat gerade ist. Die Schulterblätter kommen dabei ein bißchen enger zusammen, als dies zumeist sonst der Fall ist. Dadurch wird gleichzeitig der Brustkorb geweitet, was wiederum von ganz allein zu einem tieferen Atmen führt. Der Kopf ist in der Waagerechten – also weder nach oben gereckt noch nach unten geneigt. Sie können dies unterstützen und besser einpendeln, wenn Sie das Kinn zu Beginn etwas anziehen.
Beim Sitzen sollten Sie einen Stuhl oder Ähnliches in der richtigen Höhe wählen, so daß Ihre Knie einen rechten Winkel bilden und die Füße fest auf dem Bo-

den stehen. Zwischen den Knien sollte eine Handbreit Platz bleiben. Beim Stehen sind die Füße gleichfalls leicht auseinander, so daß sie sich besser ausbalancieren können und auch bei längerem Stehen keine Anstrengung verspüren. Dies wird unterstützt, indem die Knie ganz leicht nach vorn gelockert sind. Beim Gehen ist der Gang aufrecht, ruhig und gleichmäßig, möglichst dem Atemrhythmus angepaßt und vor allem locker.

Folgen Sie Ihrem Atem

Wenn wir etwas bewußt tun, neigen wir dazu, auch die Kontrolle zu übernehmen. Bedenken Sie aber bitte, wie lange Ihr Atem bereits funktioniert und Sie mit Energie versorgt, ohne daß Sie daran gedacht haben. Vertrauen Sie also ruhig Ihrem Unbewußten und Ihrem eigenen Rhythmus. Es geht, wie gesagt, hier nicht darum, etwas zu erzwingen, sondern dem Atem Raum zu geben und sich in natürlicher Weise entwickeln zu lassen.

Üblicherweise stellen Sie schon nach kurzer Zeit fest, daß Ihr Atem ruhiger und tiefer wird. Durch das Einlassen auf den Atem, die Konzentration, werden störende Einflüsse und eventuell bestehende Verkrampfungen oder Behinderungen aufgelöst. Sie setzen weniger Kraft ein und nehmen zugleich mehr Energie auf. Dieses Zulassenkönnen fördert auch den Weg zur Gelassenheit. Meist ist dies begleitet durch ein wachsendes Vertrauen in unsere Fähigkeiten und natürlichen Kompetenzen. Die Zentrierung in Körperhaltung und Atmung führt so zugleich zu einer entspannten Kongruenz in unserer inneren Haltung. Sie öffnet den Weg zu unseren Energien und Fähigkeiten und unserem Vermögen, sie bewußt einsetzen zu können.

Das Einatmen sollte stets durch die Nase erfolgen. Ausgeatmet wird durch den Mund, der dazu weder geöffnet noch fest geschlossen ist. Dieses lockere Öffnen der Lippen und die Stimulierung des Atmens können Sie unterstützen, indem Sie die Zungenspitze gegen Ihren Gaumen legen, etwa einen halben Zentimeter hinter die oberen Schneidezähne. Auch hierfür gilt, daß es nicht um das krampfhafte Einüben neuer Techniken geht, sondern um das Zulassen unseres natürlichen Atems, den wir unter Streß leider oft vergessen oder verlernt haben.

Das Zwerchfell ist der große, kuppelförmig gewölbte Muskel, der Brust- und Bauchraum voneinander trennt, oder anders formuliert: die *gemeinsame* Abgrenzung bildet, die durch die Kraft und Beweglichkeit des Muskels dynamisch und rhythmisch veränderbar ist. Er verbindet Ober- und Unterkörper in ihrem organischen Zusammenwirken.

Ist das Zwerchfell aktiv an der Atmung beteiligt, so bewegt es sich beim Einatmen nach unten und erweitert so den Brustraum. Das Volumen der Luftmenge, die wir aufnehmen können, und letztlich der Energiezufluß steigt. Beim Ausatmen kehrt das Zwerchfell in seine Ausgangslage zurück und unterstützt das Herauspressen der Luft. Beim Einatmen wird ein leichter Druck auf Magen, Leber und Eingeweide ausgeübt, der wie eine sanfte Massage wirkt. Die Übertragung des Atemrhythmus auf diese anderen Bereiche unseres Körpers fördert deren Aktivität und den venösen Blutrückfluß zum Herzen. Die sogenannte Zwerchfellatmung (auch Bauch- oder Bauch-Zwerchfell-Atmung genannt) erhöht die Effizienz unseres Atmens.

Während wir bei kleinen Kindern noch beobachten können, wie sich beim Atmen sanft der Bauch mitbewegt, haben sich viele Menschen im Laufe der Zeit die flache und energieärmere Brustatmung angewöhnt. Dies mag viele Gründe haben, die in unserer Zivilisation oder in den stundenlangen Sitzhaltungen am Arbeitsplatz etc. liegen können. Entscheidend ist, daß dadurch die gesundheitsfördernde natürliche Form unseres Atmens behindert wird, die wir mit dieser Übung nun bewußt wieder zulassen.

Wegen der Wechselwirkung zwischen Körper und Geist bleibt dies nicht ohne Einfluß auf unsere mentale Energie. Ist das Zwerchfell nicht mehr an der Atmung beteiligt, so führt dies statt zu Beweglichkeit und Dynamik zu einer Starrheit. Oberer und unterer Körperbereich bleiben getrennt; der rhythmische Einklang entfällt. Kein Wunder, wenn wir dann einseitig werden, jeder Bereich für sich funktionieren muß und durch den Fortfall der wechselseitigen Unterstützung insgesamt ein höherer Energiebedarf entsteht.

Das natürliche Atmen ist also mehr als die Versorgung des Körpers mit Sauerstoff. Es ist unsere Verbindung zur Quelle unserer Lebensenergie. Atemübungen können somit zugleich der Weg sein, sowohl zu einer erhöhten Konzentration als auch einem besseren Gleichklang in Körper, Denken und mentaler Einstimmung zu gelangen.

Der Atemrhythmus ist das Zusammenspiel zwischen

Einatmen und Ausatmen: Gegensätze, die erst gemeinsam eine Einheit bilden. Wenn Sie einmal ganz intensiv ausatmen, werden Sie spüren, wie das Einatmen ganz von selbst und tief erfolgt. Sind durch das Ausatmen die verbrauchten Gase (Kohlensäure) möglichst weitgehend aus unserer Lunge entfernt, so ist zugleich das Volumen für die anschließende Atemaufnahme (Sauerstoff) verbessert. So kann mit einem Atemzug mehr Energie aufgenommen werden.
Ein sinnvoller Atemrhythmus kann z. B. im Dreierschritt erfolgen: Ausatmen – kleine Pause – einatmen. Die Pause ist dann wie ein Ausklingenlassen des Ausatmens. Atmen Sie z. B. etwa 2 Sekunden aus, machen Sie eine Sekunde Pause (zusammen 3 Sekunden) und atmen Sie eine Sekunde tief ein. Diese 4 Sekunden ergeben 15maliges Atmen in der Minute, eine Frequenz, die als normal für einen ruhigen, tiefen Atem angesehen wird. Mit mehr Übung kann sich die Zahl der Atemzüge pro Minute verringern, der Rhythmus langsamer werden. Dabei bleibt jedoch die Relation zwischen Ausatmen, Pause und Einatmen erhalten. Versuchen Sie auch hier nicht, mit Gewalt eine bestimmte Atemlänge zu erreichen, sondern finden Sie Ihren eigenen Rhythmus.
Wenn Sie zweimal am Tag und zusätzlich im Bedarfsfall bewußt atmen, so rufen Sie sich anfänglich noch die Bedeutung der Zwerchfellatmung und Ihres Atemrhythmus ins Gedächtnis, bevor Sie sich entspannen und Ihrem Atem folgen. Wenn Sie das bewußte und entspannte Atmen üben, verbessert sich Ihr Energiezustand bereits nach kurzer Zeit.

Neue Energie durch angemessene Ernährung

Die Nahrungsaufnahme ist ein wesentlicher Teil unserer Energieversorgung, so daß ihrer effizienten Ausgestaltung entsprechende Bedeutung zukommt. Die folgende Übung gliedert sich in zwei Phasen:

- Welches ist die für uns angemessene, gesunde und energiereiche Ernährung?
- Wie können wir es erreichen, daß wir uns anschließend auch tatsächlich an den entwickelten Ernährungsplan halten?

Manchmal sehen wir etwas mit dem Verstand ein und verhalten uns dann doch anders. *Deshalb ist die Übung aufgeteilt in Zielentwicklung und Strategieplanung zur Zielerreichung.* Haben wir Lust und Freude an dem von uns entwickelten Ernährungsplan, dann bedarf es kaum zusätzlicher Kraftanstrengung, um ihn einzuhalten.

Finden Sie Ihren Ernährungsplan

Wenn wir uns rein verstandesmäßig für eine bestimmte Kost entscheiden und unser Lieblingsgericht aus dem Programm streichen, führt das oft ebensowenig zu dem gewünschten Ergebnis, als wenn wir uns nur von Lust und Genuß leiten ließen. Zur Überprüfung unseres Ernährungsplans stehen uns grundsätz-

lich wieder alle Methoden zur Verfügung, die wir bereits beim Energietest besprochen haben.
Die ersten Anregungen, unsere bisherige Ernährung zu überprüfen und ggf. zu ändern, kommen zumeist aus dem Streben nach mehr Gesundheit oder Fitneß (letztlich Energie), sei es nun durch mehr Bewußtheit, Werbung oder entsprechende Artikel, eventuell sogar durch ernsthafte körperliche Störungen. Manchmal fällt dann die Entscheidung für eine überzeugend vorgetragene Diät, die aber nicht unbedingt die für uns angemessene sein muß. Der Benzinfahrer mag auf Super oder Super plus schwören, für den Dieselmotor ist beides wenig hilfreich.
Im ersten Schritt des Tests bedienen wir uns unserer kognitiven, verstandesmäßigen Fähigkeiten. Beobachten Sie sich eine gewisse Zeit selbst. Notieren Sie, was Sie zu sich nehmen und wie sich dies auf Ihr angestrebtes Ergebnis auswirkt. Ist es Ihr Ziel, durch die Umstellung der Ernährung abzunehmen, so können Sie am nächsten Morgen auf der Waage überprüfen, ob das Gewicht mehr oder weniger geworden ist. Geht es um Fitneß, so nehmen Sie bewußt wahr, ob Sie sich nach einem bestimmten Mahl energievoll oder müde und abgeschlafft fühlen. Müssen Sie auf gesundheitliche Störungen Rücksicht nehmen, so können Sie die Reaktionen auf Ihren Blutdruck, Zuckergehalt etc. messen. Beziehen Sie zusätzliche Anregungen Ihres Arztes, von Ernährungsberatern oder aus Büchern etc. mit ein. So entwickeln Sie einige Alternativen, die dann, ergänzt um Ihre persönlichen Erfahrungswerte, weiter getestet werden können.

Im zweiten Schritt überprüfen Sie die Auswirkungen der verschiedenen Speisen und Getränke auf Ihren Energiezustand, so wie Sie es bereits im Muskeltest gelernt haben. Dies kann direkt bei der Nahrungsaufnahme geschehen oder durch die gedankliche Vorstellung der einzelnen Speisen und Getränke. Gerade bei ungesunden, energieraubenden «Lebens»- und Genußmitteln erfolgt zumeist eine direkte Testreaktion. Sie können so Ihren Ernährungsplan weiter verfeinern und konkretisieren.

Im dritten und abschließenden Schritt überprüfen Sie Ihr Ziel mental. Lassen Sie z. B. in Gedanken einen Videofilm ablaufen, in dem Sie sich selbst dabei betrachten, wie Sie Ihren neuen Ernährungsplan erleben. Nehmen Sie nun mit möglichst vielen Sinnen wahr (Sehen, Hören, Fühlen, Riechen und Schmecken), wie es Ihnen dabei geht. Ist die Szene identisch mit den bereits früher angesprochenen Kriterien eines energievollen Zustandes? Also: Ein großes, helles, freundliches Bild im oberen Sichtfeld, harmonische Klänge und eventuell aufmunternde Sätze, ein zufriedenes Gefühl und kraftvolles Körperempfinden, ein angenehmer Geschmack und eventuell guter Geruch etc.

Entsteht Unbehagen, so spüren Sie nach, was Sie verändern müssen, um ein besseres und positives Erleben zu erreichen. Es kann sein, daß Sie das eine oder andere lieber weglassen möchten oder auf eine bestimmte, liebgewordene Kost nicht verzichten wollen. Überprüfen Sie zusätzlich, ob damit Ihr Ziel einer gesunden und energiereichen Ernährung auch weiterhin gesichert bleibt. Statt einer Entscheidung zwischen al-

Die richtige Ernährung finden

Entdecken Sie die für Ihre Bedürfnisse und Vorlieben ideale Ernährung

les oder nichts reicht oft auch die detailliertere Ausgestaltung. So können Sie sich beispielsweise dafür entscheiden, nicht ganz auf Fleisch zu verzichten, aber es auf ein oder zwei Mahlzeiten in der Woche begrenzen etc., wenn dies mit Ihren Absichten und Ihrer Gesundheit verträglich ist und auch Ihrem Eßvergnügen entgegenkommt.
Ein komplizierter Plan, der Kohlehydrate, Fette und Eiweiß sowie Vitamine, Mineralien und Kilojoule zählt und berücksichtigt, ist oft schwer einzuhalten. Leichter ist es, wenn Sie sich der 2 oder 3 wesentlichen Dinge bewußt werden, die Sie in Ihren Eßgewohnheiten ändern wollen und sich darauf konzentrieren.

Die Lust kommt nicht zu kurz

Wenn die angestrebte Ernährungsweise sowohl den Kriterien der Vernunft als auch denen des Genusses und der Lebensfreude entspricht, dann ist bereits der wesentliche Schritt getan und die Umsetzung bereitet zumeist wenig Schwierigkeiten. Eventuell bedarf es lediglich während einer gewissen Zeit der stärkeren Aufmerksamkeit, um alte Gewohnheiten zu überwinden.
Schwieriger wird es, wenn es notwendig ist, bestimmte Dinge zu meiden, die wir immer noch gerne zu uns nehmen, bzw. Speisen oder Getränke in unseren Plan aufzunehmen, gegen die wir eine Abneigung haben. Hier stehen uns wieder zwei Möglichkeiten zur Verfügung:
Wir verbinden das, was wir künftig zu uns nehmen

wollen, mit einer höheren Lebensqualität bzw. mindern diese für das, was wir meiden müssen. Das grundsätzliche Vorgehen wurde im Kapitel «Quellen unserer Energie» unter «Der Mensch ist, was er ißt» am Beispiel von Michael erläutert, der künftig Pralinen meiden und Äpfel bevorzugen wollte.

Oft hilft auch die Begeisterung für das, was wir mit dem Verhalten erreichen wollen, um die für die Umsetzung notwendige Freude und Energie freizusetzen, auch wenn wir ohne diese Erfolgsaussicht etwas anderes wählen würden.

Auf beide Vorgehensweisen – jedoch nicht nur begrenzt auf Ernährung – wird in den beiden folgenden Kapiteln «Werte testen und verändern» und «Positive Zielgedanken» näher eingegangen.

Werte testen und verändern

Für das, was uns wertvoll erscheint, sind wir bereit, Energien einzusetzen. Wenn sich dann jedoch kein entsprechendes Ergebnis einstellt, so fehlt es an dem Erfolgserlebnis, das den Energieeinsatz ausgleicht. Unsere Wertvorstellungen waren Antrieb zu Handlungen und Verhalten, die der Gesamtsituation nicht angemessen waren. Häufig können wir uns die äußeren Umstände nicht aussuchen oder sie in unserem Sinne verändern. Dann ist es sinnvoll, unser Wertsystem zu überprüfen und ggf. anzupassen. Dem dienen die nachfolgenden Übungen.

Um sich Ihres Wertsystems bewußt zu werden, listen Sie die für Sie bedeutsamen Werte zunächst einmal auf. Um sich die Übung zu erleichtern, können Sie gesonderte Listen für jeden einzelnen Bereich erstellen, z. B. für Ihre Arbeit, für Ihre Partnerschaft, Freundschaften, Freizeitbeschäftigungen etc. Wählen Sie sich einen Bereich für Ihre erste Auflistung aus. Die nachfolgende Aufstellung zeigt eine Reihe von Werten in alphabetischer Ordnung und kann Ihnen als Anregung dienen.

Achtung	Aktivität
Altruismus	Anerkennung
Ausgeglichenheit	Bildung
Charisma	Demokratie
Distanz	Disziplin
Ehre	Ehrlichkeit
Einfluß	Erfolg
Familie	Freiheit
Freude	Freundschaft
Frieden	Gastlichkeit
Gerechtigkeit	Geschmack
Geselligkeit	Glaube
Gleichheit	Glück
Gehobener Lebensstil	Gute Laune
Harmonie	Heiterkeit
Herkunft	Höflichkeit
Identität	Individualismus
Intimität	Kameradschaft
Klugheit	Kompetenz
Kooperation	Kreativität
Lässigkeit	Liebe
Macht	Menschlichkeit
Mitgefühl	Mut
Nachkommen	Nachsicht
Nähe	Natur
Objektivität	Offenheit
Ordnung	Persönlichkeit
Pflichtbewußtsein	Phantasie
Pracht	Pragmatismus
Pünktlichkeit	Rechtmäßigkeit
Redegewandtheit	Reichtum

Ruhe	Ruhm
Sauberkeit	Selbstverwirklichung
Sexualität	Sicherheit
Sorgfalt	Sparsamkeit
Stärke	Tapferkeit
Tatkraft	Toleranz
Treue	Überlegenheit
Überzeugung	Umweltschutz
Unabhängigkeit	Unparteilichkeit
Verantwortung	Vergnügen
Vernunft	Vertrauen
Wahrheit	Wechsel
Weisheit	Weitblick
Zärtlichkeit	Zeitlosigkeit
Zugehörigkeit	

Ordnen Sie nun die von Ihnen aufgelisteten Werte in einer Rangfolge: Geben Sie dem wichtigsten eine 1, dem zweitwichtigsten eine 2 etc. Falls Sie in dem einen oder anderen Fall nicht ganz sicher sind, können Sie dies später noch einmal überprüfen. Sie sollten aber so weit kommen, daß Sie mindestens einen Wert als hoch, einen als mittel und einen als niedrig einstufen. In weiteren Schritten erfolgt die Analyse Ihrer Werterangfolge:

1. Auswahl der Vergleichswerte:
   Wählen Sie jeweils einen Wert mit hoher, mittlerer und geringerer Bedeutung aus.
2. Erleben Sie innerlich Ihre Werte:
   Denken Sie jetzt bitte zunächst intensiv an Ihren Wert mit hoher Bedeutung. Wie stellt er sich Ihnen

dar? Versuchen Sie, sich Ihrer Wahrnehmung bewußt zu werden: Was sehen Sie? Welches Bild zeigt sich Ihnen? Was hören Sie an Stimmen oder Klängen? Welches Gefühl haben Sie emotional oder eventuell auch körperlich?

Erleben Sie nun bitte Ihre Werte mit mittlerer und mit geringerer Bedeutung, ebenfalls mit möglichst allen Sinnessystemen. Vergleichen Sie dabei Ihr inneres Erlebnis bei diesen verschiedenen Wertvorstellungen und identifizieren Sie die bedeutendsten Unterschiede in dem, was Sie sehen, hören oder fühlen.

3. Identifizieren Sie die Dimensionen, nach denen Sie die Werte einordnen:

   Wenn Sie die Erlebnisse Ihrer Werte und die Beachtung der Unterschiede aus dem 2. Schritt genau wahrnehmen, gehen Sie folgender Frage nach: Woran erkennen Sie, daß ein Wert in der Rangfolge höher oder niedriger steht? Was macht die Bedeutung aus? Suchen Sie nach den Dimensionen, mit denen Sie Ihre relative Rangfolge bestimmen.

Nach diesem ersten Übungsteil können Sie Ihre übrigen Werte anhand der gefundenen Dimensionen in ihrer Rangfolge überprüfen oder endgültig einordnen.

Im zweiten Teil der Übung geht es nun darum, Ihre Werteskala zu verändern, also die Werte zurückzustufen, die Sie zu wenig effektivem Handeln anspornen, und diejenigen höher einzustufen, die für Sie zunächst eine geringere Bedeutung haben, aber in der Situation und den Umfeldbedingungen wichtiger sind. Dazu die nachfolgenden weiteren Schritte:

4. Identifizieren Sie den zu verändernden Wert:
   Welchen Wert möchten Sie verändern? Soll er auf- oder abgewertet werden? Bestimmen Sie die angestrebte Rangfolge, die künftig gewollte Position in Ihrer Skala.
5. Ökologie-Überprüfung:
   Die einzelnen Werte stehen nicht isoliert, sondern in systematischem Zusammenhang zueinander, so daß die Veränderungen auch zusätzliche Auswirkungen haben können, die nunmehr überprüft werden sollen. Stellen Sie sich dazu bitte vor, Sie hätten den bestimmten Wert bereits in der angestrebten Weise verändert. Was würde sich in Ihrem Leben ändern? Was wird für Sie leichter und entspannter? Treten irgendwo neue Probleme auf? Erkennen Sie Auswirkungen bei der Berücksichtigung anderer Werte? Nehmen Sie sich für diesen Teil viel Zeit und achten Sie sorgfältig auf Ihre Reaktionen und Empfindungen.
6. Überprüfen Sie die angemessene Position dieses Wertes:
   Werden Ihre anderen Werte jetzt in Relation zu dem zu Verändernden höher oder niedriger eingestuft? Wählen Sie schrittweise jeweils einen davon aus und vergleichen Sie die neugefundene Relation anhand der im dritten Schritt erkannten Dimensionen. Ziel dieses Schrittes ist es, die neue Position im Verhältnis zur Wertigkeit anderer «benachbarter» Werte zu überprüfen.
7. Verändern der Schlußfolgerung:
   Vergegenwärtigen Sie sich nun bitte das Ereignis,

Ihr Verhalten oder die Situation, die für Sie den Anstoß gegeben hatte, die Rangfolge dieses Wertes neu zu positionieren. Gehen Sie nun im inneren Erleben dieser Veränderung nach, indem Sie zunächst mit der Ausgangssituation beginnen. Nehmen Sie nun wahr, wie sich diese verändert, wenn Sie sich künftig an der neuen Wertordnung orientieren. Ist das Ergebnis für Sie stimmig und positiv? Variieren und korrigieren Sie ggf., wenn Sie das Resultat noch verbessern wollen.

Mit diesen Übungsschritten können Sie die Rangfolge Ihrer Werte selbst ändern und bestimmen, was bei Ihnen künftig Energien und Ressourcen in Anspruch nimmt. Dadurch erreichen Sie eine bessere Abstimmung mit den Gesamtgegebenheiten, also auch den Ansprüchen, die andere an Sie stellen und denen Sie nicht ausweichen können. Durch die Veränderung der Gewichtung können Sie Ihre Werte zu motivierenden Kräften umformen. Das läßt Sie nach außen erfolgreicher und innerlich zufriedener sein.

Gelegentlich fällt es uns schwer, die Dimension eines Wertes richtig einzuordnen. Dann geht es zumeist darum, daß ein Wert nicht intensiv genug erlebt wird, um von uns als erfüllt angesehen zu werden.

Ralf stellte z. B. Loyalität in der Partnerschaft ganz nach oben in seiner Wertehierarchie. Und oft war er von dem Verhalten seiner Freundin tief enttäuscht. Er fühlte sich verraten. Wenn er ihr Vorwürfe machte, kam es zum Streit. Das kostete ihn Energie, und er wurde noch deprimierter. Aber er wollte Loyalität nicht missen oder tiefer einstufen.

In einer gedanklichen Übung vergegenwärtigte sich Ralf nun eine der Situationen, die er als illoyal erlebt hatte: Ralf hatte im Bekanntenkreis seine Meinung zu einem Thema vertreten, das viel in den Medien behandelt wurde. Im Laufe der Diskussion hatte seine Freundin eine abweichende Ansicht geäußert. Das empfand Ralf als illoyal. Allein der Gedanke daran ließ ihn bereits wieder wie versteinert werden. Er versuchte nun zu variieren: Er wollte herausfinden, welche Veränderung erforderlich wäre, damit er nicht so enttäuscht wäre. Ganz toll hätte er es gefunden, wenn sie ihm zugestimmt hätte. Jetzt variierte er seine eigene Erwartung nach unten und beachtete, welches Verhalten nun noch den Kriterien der Loyalität entspricht. Seine Reaktion: Seine Freundin müßte ihm zwar nicht unbedingt zustimmen, aber sie dürfte ihm zumindest nicht widersprechen. Das bedeutete, daß sie es nicht sagen dürfe, wenn sie anderer Meinung ist. Er versetzte sich in ihre Lage und erkannte, daß das auch für ihn schwer zu akzeptieren wäre. Deshalb versuchte er die Kriterien erneut so zu verändern, daß sie die Eigenständigkeit seiner Freundin respektierten und für ihn noch Ausdruck von Loyalität wären. Schließlich kam er dazu: Sie darf anderer Ansicht sein, solange sie auch seine akzeptierte; ihre Loyalität solle sich dadurch zeigen, daß sie auch im Laufe der Diskussion den Blickkontakt zu ihm wahre und nicht wegschaue.

Als sie dann gemeinsam dieses Thema besprachen, stellte sich heraus, daß seine Freundin im Laufe der Zeit angefangen hatte, in solchen Situationen den

Kontakt zu Ralf zu meiden, weil sie seine aufkommende Enttäuschung fürchtete. Künftig konnten sie gemeinsam leben: Wir haben Respekt voreinander und empfinden uns auch dann als loyal, wenn wir unterschiedlicher Ansicht sind und dies auch sagen dürfen.

Es geht bei den Dimensionen darum, die einzelnen Modalitäten zu überprüfen und ggf. zu verändern, die gegeben sein müssen, damit wir unseren Wert als erfüllt ansehen. Denken Sie bitte auch an die früheren Beispiele zu Ordnung (Pedanterie) oder Sparsamkeit (Geiz). Ihre neu gefundenen Maßstäbe sollten sowohl eine gute Chance auf Erfüllung bieten, als auch dem Grundwesen ihres Wertes entsprechen.

Positive Zielgedanken

Nicht immer ist der Weg das Ziel. Häufig kostet es uns viel Energie, die Strecke zurückzulegen, und der Lustgewinn dabei kann recht gering sein. Wenn wir die Strapazen trotzdem auf uns nehmen, dann deshalb, weil wir uns darauf freuen, am Ziel anzukommen. Das Ziel muß also so attraktiv sein, daß es uns für die Mühen entschädigt. Haben wir solche Ziele und sind überzeugt, daß der Weg zu ihnen führt, so kann die Vorfreude Motivation genug sein. Dieses Zusammenwirken ermöglicht uns, in größeren und längerfristigen Dimensionen zu denken und zu handeln. Dabei müssen wir nicht gleich nach dem Sinn unseres Lebens fragen.

Hilfreich ist es, wenn wir uns einiger wichtiger Ziele bewußt werden und sie anhand unserer Werteskala überprüfen. Sie geben unserem Handeln und unseren Entscheidungen Sinn und Richtung. Zugleich kann die motivierende Wirkung zusätzliche Energien mobilisieren, wenn wir einmal ein Tal zu durchschreiten haben.

Eine einfache Übung zum Aufspüren solcher Zielgedanken besteht darin, daß Sie sich einmal gedanklich 8–15 Jahre in die Zukunft versetzen und ausmalen, was ein guter Freund bei der Feier Ihres 50. Geburtstages (des 60. oder des 40. etc., je nach Ihrem Lebensalter) in seiner Laudatio über Sie und Ihr Leben sagen sollte. Es hilft Ihnen zu erkennen, wer Sie sein bzw. werden wollen. Diese Übung zeigt Ihnen den Zugang zu Ihren langfristig wichtigen Werten.

Die Bewußtheit Ihrer Zielgedanken kann Ihnen Richtschnur geben und Sie vor zufälligen Ablenkungen bewahren. Damit konzentrieren Sie Ihre Energie auf das, was Ihnen letztendlich und langfristig wichtig erscheint. Sie sparen Energie, indem Sie nicht zu viele Umwege fahren.

Müssen Sie auf Ihrem Weg mit Stau und Verzögerungen rechnen, so vergessen Sie nicht, rechtzeitig Energien aufzutanken.

Tips zum Weiterlesen

Bandler, Richard; Grinder, John: *Neue Wege der Kurzzeit-Therapie*, Paderborn 1985.

Bandler, Richard; McDonald, John: *Der feine Unterschied. NLP-Übungsbuch zu den Submodalitäten*, Paderborn 1993.

Birker, Gabriele und Klaus: *Bewußt leben mit dem Unbewußten*, Speyer 1992.

Diamond, John: *Der Körper lügt nicht*, Freiburg 1991.

Dilts, Robert: *Identität, Glaubenssysteme und Gesundheit – NLP-Veränderungsarbeit*, Paderborn 1989.

Mohl, Alexa: *Der Zauberlehrling. Das NLP-Lern- und Übungsbuch*, Paderborn 1992.

Robbins, Anthony: *Grenzenlose Energie. Das Power-Prinzip*, München 1991.